PAZ PADILLA

Amore, dolore e umorismo

Appunti sulla perdita
e sul potere della risata

Traduzione di Florencia Di Stefano-Abichain

HarperCollins

ISBN 979-12-5985-061-4

Titolo originale dell'edizione spagnola:
El humor de mi vida
HarperCollins Ibérica, S. A.

Traduzione di Florencia Di Stefano-Abichain

Prima edizione HarperCollins
aprile 2022

Per le fonti citate nel libro:
Sogyal Rinpoche, *Il libro tibetano del vivere e del morire*, traduzione di Giampaolo Fiorentini, Casa Editrice Astrolabio – Ubaldini Editore, Roma, 1994.
Le citazioni dell'AECC (Associazione spagnola contro il cancro)
sono state prese dal sito www.aecc.es.
Le citazioni di Rafael Santandreu sono state autorizzate dall'autore stesso.
Le citazioni di Enric Benito e dal sito www.alfinaldelavida.org
sono state autorizzate dall'autore stesso.

Al mio Antonio,
per la sua generosità, bontà, onestà, integrità,
per la sua forza, la sua luce
per avermi fatta sentire unica,
per avermi amata così tanto.
Con te il puzzle era completo,
eri perfetto.

VIVERE, RIDERE E IMPARARE A MORIRE

La vita è piena di sorprese. Nel luglio 2020 mi chiamarono dalla Società Spagnola di Cure Palliative chiedendomi il permesso per dare il mio contatto telefonico a una persona che voleva parlare con me. Era un'attrice che da pochi giorni aveva perso il marito, e aveva visto i miei video su YouTube. La mediatrice aggiunse di sua iniziativa che la poverina doveva essere molto provata e che credeva che avesse bisogno di aiuto, sembrava veramente disperata.

Si trattava di Paz, che mi chiamò dopo poche ore, e dal primo istante smontò la tesi della "vedova inconsolabile che chiedeva supporto per elaborare un lutto importante". Con la sua voce melodiosa, piena di energia e di entusiasmo, la prima cosa che mi disse, allungando ed enfatizzando la i, fu: «ENRIIIIC! Non sai la voglia che avevo di ringraziarti per i tuoi video, mi hai aiutata ad accompagnare il mio Antonio».

Mi sorpresero la sua maturità, la vitalità e il coraggio, e mi rallegrai di quel diverso punto di vista: non "aiutare qualcuno che stava soffrendo" ma condividere l'esperienza che si vive in questi momenti e che pochi riescono a scoprire.

La nostra fu una lunga conversazione, nella quale ebbi la conferma che Paz, accompagnando il suo amato fino al limite di quel mistero che è la morte, aveva intrapreso un percorso personale che le aveva fatto cambiare il suo sguardo nei confronti della vita. Per questo era commossa ed era interessata a parlarne con qualcuno che potesse capirlo.

Dopo anni trascorsi a vivere queste esperienze ai piedi di un letto, alcuni di noi hanno compreso che l'amore è più forte della morte, e che chi si avvicina senza paura e con amore ad accompagnare il percorso di una persona cara spesso riceve il dono di imparare in prima persona che la morte non esiste, e ne esce trasformato. Subisce quello che si chiama una *metanoia*, un cambio di prospettiva. Quando chi se ne va lo fa in pace, nella misura in cui si è in connessione con questa persona, puoi ricevere l'eredità di sentire la continuità di ciò che è importante, la solidità di ciò che è sottile, l'ineffabilità della trascendenza, e questa esperienza ti cambia la vita.

Mi meravigliai che una persona con energia, sensibilità e grande impatto mediatico come Paz potesse aver vissuto questo processo. E fui felice di sapere di essere stato in qualche modo d'aiuto.

Fin dall'inizio, Paz aveva chiaro in mente che ciò che aveva vissuto e imparato attraverso questa esperienza non poteva essere qualcosa da tenere per sé e lo voleva condividere, forse perché si era resa conto della sofferenza associata all'ignoranza tanto diffusa di un concetto così importante come quello che la vita non ha una fine.

Dopo quella nostra prima conversazione ne facemmo delle altre, e in una in particolare mi chiese qualcosa che ancora una volta mi avrebbe portato fuori dalla mia zona di comfort: mi domandò di accompagnarla a un programma tv che non guardo mai, e cercai di svignarmela dicendole che mia figlia non me lo avrebbe perdonato, visto che a casa lavoriamo tutti nel mondo accademico e i reality show non fanno per noi. La sua insistenza mi fece notare che Paz e io eravamo d'accordo su un punto: il bisogno di mostrare alla gente una nuova prospettiva della morte, che porta a una migliore consapevolezza della vita. Accantonando i miei dubbi, alla fine ho partecipato a *Sálvame Deluxe* (talk show televisivo spagnolo dove intervengono personaggi famosi *N.d.T.*) per appoggiare questa donna, ormai amica, il cui coraggio l'avrebbe portata a mostrare in pubblico, a pochi mesi dalla morte del marito, un modo sano, realistico, costruttivo e senza esitazioni (nonostante l'ambiente nel quale viveva) di affrontare una perdita e uscirne più saggi.

In un'altra delle nostre chiacchierate, Paz mi disse: «Vorrei scrivere un libro sulla mia esperienza». Capii immediatamente (l'intuito è la mia via per conoscere la verità) che ne sarebbe valsa la pena e mi offrii per scriverle la prefazione; ed eccomi qui.

Parliamo del libro. In primo luogo, grazie, Paz, per la tua generosità e per il coraggio che hai avuto nel raccontare al mondo i tuoi ricordi, le tue riflessioni e le tue esperienze, spesso intime e sempre profonde, autentiche e commoventi. L'ho letto quasi tutto d'un fiato e mi sono commosso, ho provato tenerezza (quanto mi sarebbe piaciuto conoscere tua madre!) e a volte mi è venuto un groppo in gola, ma ho soprattutto riso tantissimo.

Ciò detto, andiamo alle cose importanti, mi trasformo da lettore ad autore della prefazione quindi in teoria dovrei dire qualcosa di meno personale o quantomeno più professionale sul libro, perciò aggiungo un paio di cose in questo senso.

Mari Paz: la narrazione è una delle forme di sollievo della tensione, e l'elaborazione scritta di un'esperienza come questa, oltre a dare un senso a ciò che si è vissuto, ci guida anche in un percorso – attraverso il dolore, l'amore e l'umorismo – che può fungere da guida e far sì che altri possano trarre giovamento dal tuo vissuto, un percorso che arriverà a loro in maniera semplice e profonda.

Nella morte, così come in altre situazioni difficili della vita, ci sono due aspetti che si rivelano utili: il buonsenso e il senso dell'umorismo. L'umorismo aiuta ad alleggerire l'atmosfera, a dare la giusta prospettiva al processo della morte e a sdrammatizzare l'intensa serietà del momento.

Credo che l'umorismo, se è sapiente e viene dal cuore, ci porti verso un livello di coscienza che relativizza la realtà, e presume un tipo di intelligenza affettiva che ci mette velocemente in connessione con il nostro lato più intimo, aprendoci dolcemente verso l'assimilazione del dolore, l'accettazione della perdita e permettendo di ricordarci che siamo più della nostra sofferenza. L'umorismo, nei momenti difficili, ci aiuta a percepire che la vita non si chiude con ciò che la trascina o la colpisce, ma esiste un altro modo di vedere le cose; e questo sguardo si apre dalla porta della risata, dell'allegria, e non è incompatibile, come dice bene Paz, con la tristezza propria del lutto.

Tra le risate, le battute e gli scherzi, Paz ci lascia degli indizi su come mantenere il coraggio e la sicurezza di sé nel caos apparente. Ci mostra come il buonsenso e il senso dell'umorismo siano importanti ma non gli unici, ci spiega la sua attrazione e interesse nei confronti della meditazione, o elargisce perle di saggezza come: "Tristezza non è il contrario di felicità. Non sono incompatibili, non perché una persona è triste non può anche essere felice. La tristezza è parte integrante del processo di elaborazione del lutto, e in quanto componente naturale, dobbiamo accettarla, smettere di opporre resistenza".

Alcuni capitoli mi sono parsi sublimi, non perdetevi il meraviglioso discorso di Paz al funerale di Antonio, non mi sorprende che dall'altra parte lui le invii il suo profumo (capirete quando lo leggerete!).

E lei condivide con noi cose che, da una prospettiva

standard, cioè quella di qualcuno che non ha sofferto o che non ha saputo fare propria o andare oltre la sofferenza, possono sembrare affermazioni insolite; per esempio quando dice: "E quest'anno ho anche imparato a celebrare la morte. A non temerla neanche un po'. Ad accettare l'inevitabile corso della vita. Ad accompagnare nel proprio viaggio le persone care, con amore. Un amore puro, candido, inesauribile. A volermi bene e a prendermi cura di me. A godere del più piccolo dettaglio di bellezza e di bontà dell'immediato presente. E ciò che l'esperienza mi ha insegnato è che, per poter imparare tutto questo, l'unica cosa che non devi dimenticare è ridere".

E ridere è garantito se iniziate a leggere il libro: spero, come desidera Paz, che vi serva anche per "riflettere sull'importanza della vita, di quanto effimero sia il nostro cammino in questo mondo" e per accettare "che dobbiamo prepararci per le nostre morti future".

Spesso le persone mi chiedono di consigliare loro un libro su come elaborare il lutto per qualcuno che ha subito una perdita recente: quelli che conosco e che ero solito consigliare sono perlopiù manuali di autoaiuto, che comunque non soddisfacevano mai le mie aspettative. Ora so che libro consiglierei: QUESTO!

GRAZIE, PAZ, a nome di tutti quelli che come me trarranno beneficio e insegnamento da questa esperienza che ci hai regalato!

Professor Enric Benito

TRASFORMARE LA NOSTRA MENTE IN UNA FERRARI

Già da bambino volevo fare lo scienziato. Almeno da quando lessi *L'origine della specie* di Charles Darwin a quattordici anni. Non ho mai creduto nelle superstizioni, nei fantasmi o nei miracoli, ma solo in ciò che gli occhi possono vedere e che i sensi possono confermare. Ciò nonostante, nella mia vita ho avuto l'incredibile opportunità di scoprire che la magia esiste. O comunque esiste qualcosa di molto simile alla magia: il potere del pensiero per modellare la nostra mente, la nostra vita emotiva, la nostra felicità.

Il filosofo Epitteto, nel primo secolo della nostra era, nacque schiavo. I suoi genitori erano schiavi e fu venduto, neonato, a un nuovo padrone che lo portò con sé lontano verso la capitale dell'impero, Roma.

Si accorsero subito che il piccolo era molto dotato. Imparò a leggere e scrivere, da solo, prima dei quattro anni di vita e non smise mai di dare manifestazioni di genialità. La sua principale impresa, però, fu che sebbene fosse uno schiavo lui aveva deciso di essere felice. E così il piccolo Epitteto scoprì che la felicità risiede nella nostra mente e non in ciò che ci succede. Fu lui a dire che non sono le cose a turbare gli uomini, ma le opinioni che essi hanno delle cose. Da più di vent'anni mi dedico ad aiutare la gente a fare questa stessa scoperta. A rendersi conto che se tua moglie ti lascia e tu cadi in depressione, non è per il fatto di essere stato lasciato, bensì per quello che ci si ripete dopo: "Dio, non sarò mai più felice! Che orrore essere solo!", eccetera.

Anche se non sembra vero, ho constatato più e più volte che tutto dipende dal nostro dialogo interiore, dal valore che diamo a ciò che ci succede. E le persone più forti e più felici, come Epitteto, sanno che, qualsiasi cosa succeda, esse potranno compiere azioni di valore per loro e per gli altri. La loro filosofia le rende immensamente forti, in armonia, estremamente capaci di amare.

Quando ero giovane, anch'io, come tanti, mi angustiavo per delle sciocchezze, avevo paure irrazionali e mi lamentavo senza sosta. Ma ho avuto la fortuna di scoprire la psicologia cognitiva (o del pensiero), e da allora la mia vita emotiva non ha fatto altro che migliorare.

L'anno scorso, proprio come Paz, ho subito una perdita importante. È morto mio padre dopo una lunga malattia. E per tre giorni ho sentito un dolore profondo: la tristezza più grande che io abbia mai sentito. Ma al contempo è stata un'esperienza bellissima. Con i miei quattro fratelli e mia madre ci siamo uniti più che mai. I miei amici e i familiari erano lì. E nel profondo del mio cuore, sapevo che a mio padre non era successo nulla di male. Insieme abbiamo onorato la sua memoria e ci siamo promessi di amarci con lo stesso amore che abbiamo imparato da lui. E gli abbiamo detto "arrivederci" perché sapevamo che la vita scorre veloce e che presto saremmo stati di nuovo insieme.

Trascorsi quei giorni il mio cuore è tornato in forma e pienamente felice. Penso spesso a mio padre e parlo con lui, e non provo nessun dolore. Anzi, sono felice perché mi è stato vicino per tanto tempo. So che se non fosse stato per la mia formazione da autodidatta sulla psicologia cognitiva non avrei affrontato così bene questa perdita. E questo è solo uno dei prodigi che si ottengono con questa magia chiamata intelligenza emotiva.

E non è solo qualcosa che è successo a me. Ho ricevuto centinaia di lettere da parte di lettori dei miei libri, che mi hanno raccontato esperienze simili: persone che, attraverso un'educazione mentale, si sono sorprese di come stessero affrontando la vita (e la morte) in maniera diversa.

Con una corretta filosofia personale, la vita è molto semplice. Con i giusti ragionamenti, vediamo solo prosperità e opportunità. Con l'atteggiamento tipico dei più forti e felici, tutto è un gioco appassionante. Ma prima bisogna studiare, conoscere bene la mente e allenarsi affinché funzioni come una Ferrari.

Paz è una di quelle persone che nella testa ha il motore di una Ferrari. Ha avuto una grande maestra, sua madre, che la istruì per ottenere il primo "diploma" in intelligenza emotiva. Ma poi ha saputo iscriversi da sola a tutti i master che la vita le ha offerto.

Ora, in questa nuova fase che le è toccato vivere, Paz non è rimasta indietro. E ha raccolto ciò che l'universo le ha mandato per imparare ad amare ancora di più.

Paz mi piace tantissimo. È intelligente, divertente, positiva, affettuosa, bella e soprattutto generosa. Così generosa da non riuscire a trattenersi dal voler diffondere la sua gioia di vivere ai quattro venti. E da qualche tempo, non smette di distribuire il più grande regalo che possiamo dare agli altri: una visione della vita piena e raggiante, una meravigliosa filosofia del buon vivere.

Brindo a lei.

Rafael Santandreu
Psicologo e autore di *Nada es tan terrible*

CAMMINARE DAL CUORE

Mari Paz Padilla ci sta regalando un meraviglioso tesoro, la sua esperienza di connessione profonda con l'amore da uno dei livelli più alti, quello dell'umorismo e della compassione.

Quando conobbi Antonio nel mio studio era un uomo scettico e pieno di dubbi rispetto a ciò che gli stava accadendo. Certo, sapevo perfettamente che benché non fosse molto convinto dell'effettivo beneficio di quelle sessioni, lui era disposto a fare ciò che Mari Paz gli aveva chiesto: e per questo amore che provavano l'uno per l'altra aveva accettato di cominciare insieme a me un percorso che non sapevamo dove ci avrebbe portato e per quanto tempo.

Dopo un po', ripercorrendo con me la sua esperienza di vita, mi disse: «Verónica, io non so bene come funzioni questa cosa, ma so che mi sento in pace, mi sento tranquillo». Quello fu un fantastico regalo, insieme al sorriso che accompagnava le sue parole.

Mari Paz Padilla ha conosciuto il dolore vedendo "l'amore della sua vita" andarsene senza preavviso, e ha anche conosciuto il dolore del dire addio alla madre; ha rispettato quel dolore e lo ha accettato nel modo migliore, ovvero abbracciando il momento senza giudizi, né timori, senza fare paragoni, senza desiderare che finisse. Semplicemente, ha permesso che quel dolore, accettandolo e ascoltandolo, assumesse la forma più alta, l'*amore*, un amore inspiegabile, ma che ti invita a celebrare la vita, ti invita a ridere, a comprendere, a condividere con gli altri per poterli aiutare nella propria esperienza, ti invita alla calma, ma soprattutto ti invita a trasformarti e continuare a vivere da un punto di vista diverso, una visione più amorevole e piena, una visione di gratitudine e pace.

Per me è un onore e un dono essere stata nella vita di Antonio, ed è una benedizione condividere il percorso con Mari Paz ed essere stata testimone in prima fila di tutto il processo che ha vissuto.

Quelle che troverete qui sono lacrime d'amore, umorismo e coraggio, perciò mettetevi comodi sul vostro miglior divano per godere di ogni pagina di questo libro.

Verónica Cantero

AMORE, DOLORE E UMORISMO

Introduzione

AMORE, MORTE E UMORISMO

Isabel Allende ha lasciato ai posteri un'intervista, che si è svolta nella primavera del 2020, all'inizio della voragine pandemica, in cui affermava che veniamo al mondo per perdere tutto, e che quanto più si vive, più si perde. Si perde la paura di vedere morire i genitori e le persone care. In quell'intervista sosteneva anche che è un errore vivere con il timore di qualcosa che non è ancora successo, e che ciò che dovremmo fare è godere di ciò che abbiamo e vivere il presente.

La scrittrice cilena ha affermato anche che quando morì sua figlia Paula, ventisette anni fa, ha perso per sempre la paura della morte. Vederla morire tra le sue braccia le ha fatto capire che era come nascere, una transizione.

Una cosa tanto ovvia quanto difficile da accettare. Il testo di un famoso bolero recita: "*Veinte años no es nada*", "Vent'anni non sono niente"; tuttavia, duemila e vent'anni (dopo aver visto come è andato il 2020) sono senz'altro qualcosa.

Il 2020 è stato un anno di perdite. Senza preavviso, abbiamo perso il contatto fisico, abbiamo subito perdite economiche, abbiamo perso qualsiasi tipo di libertà, abbiamo perso il lavoro, senza rendercene conto abbiamo perso diritti, tempo, vite umane e siamo stati sul punto di perdere le staffe. Abbiamo perso tutto, tranne la paura. Questa non solo non l'abbiamo persa, ma sembra essersi trasformata in un'epidemia parallela con una curva in crescita esponenziale, per la quale non esiste né esisterà mai alcun vaccino.

Qualsiasi mezzo di comunicazione o in qualsiasi riunione, abbiamo sentito definire il 2020 come un *anno cardine*. Un anno di profondi cambiamenti nelle nostre vite. Nel mio caso, se devo considerarlo un anno cardine, il cardine è della misura di quelli che reggono la porta della cattedrale di Santiago de Compostela. Si fa riferimento costante all'importanza di questo *punto di svolta* nelle nostre vite. Tuttavia, non ci siamo fermati a pensare che un punto di svolta è inutile se non è accompagnato da un punto di riflessione. Da una pausa, un'analisi, un'introspezione.

All'inizio sentivo continuamente frasi come "ne usciremo migliori". La pandemia ha manifestato il desiderio latente generalizzato di modificare un modello socioeconomico iniquo e insostenibile, i cui disagi si sono visti sin dal primo momento. Se uscirne migliori come società significa sviluppare una maggiore coscienza collettiva e solidarietà verso il prossimo, per ora andiamo di merda. Una cosa è il desiderio di cambiare, un'altra la volontà di farlo. Affinché un cambiamento avvenga, deve esserci una reale volontà di cambiamento. Oltre al tentativo di annullamento che il sistema effettua su di noi, il principale impedimento per arrivare al cambiamento individuale è la paura. Viviamo impauriti.

Come alcune e alcuni di voi sapranno, in un breve lasso di tempo, in quel maledetto anno ho subito due enormi perdite, impossibili da rimpiazzare: mia madre e l'amore della mia vita, Antonio. Non so se sia stato un caso del destino o per volontà di Dio (molto divertente) ma ho dovuto affrontare la paura più ancestrale dell'essere umano: la paura della morte.

Nel commovente romanzo *Paula*, nel quale Isabel Allende racconta la propria esistenza mentre accompagna sua figlia nella malattia fino alla morte tra le sue stesse braccia, scrisse che ciò che non lasciava scritto su carta per l'eternità si diluiva nei suoi ricordi. Condivido con lei un'autentica sfiducia nei confronti della memoria, per nutrire la quale sono semplicemente bastati più di quarant'anni di costanti dimenticanze. Perciò, per il desiderio, o per meglio dire per la necessità, di salvaguardare questo frammento della mia vita, ho deciso di mettere in pratica la sua stessa teoria e metterlo su carta e proteggerlo dallo scorrere del tempo. Per sempre, per me e per chi lo vorrà.

Amore, morte e umorismo. Ecco di cosa parla questo libro. Tre parole che sfuggono alle recinzioni di filo spinato che noi esseri umani cerchiamo di costruirvi intorno. Tre parole destinate a coesistere. Non si muore d'amore, come si suol dire, si muore se non si ama; e per poter morire senza paura, è necessario amare la vita.

Non si può neppure negare che l'arma di seduzione di massa più potente sia la comicità. Niente crea un legame più forte tra due persone che ridere insieme di qualsiasi cosa, anche la più stupida. E proprio come non si crea umorismo senza amare gli esseri umani, senza voler rendere felici le altre persone, allo stesso modo non è possibile farlo avendo paura. Non si può ridere avendo paura. La manifestazione dell'umorismo è una diretta conseguenza dell'intelligenza. Parte da un'idea o da un'intuizione del cervello che prova piacere nel processo. Un sofisticato meccanismo dell'evoluzione che l'uomo ha sviluppato per aggirare le sue paure primordiali. Quando riusciamo a ridere razionalmente delle nostre paure, ecco che queste spariscono. Perciò amore e umorismo sono gli unici due meccanismi che conosco per sconfiggere la paura della morte; e senza la morte chissà se varrebbe la pena vivere. Per crescere, nella nostra vita dobbiamo conoscere, indagare, approfondire e parlare senza tabù con maggiore frequenza a proposito di queste tre parole.

Nelle pagine successive, che nel momento in cui scrivo queste righe non so quante saranno con esattezza, non sperate di incontrare, care lettrici e cari lettori, una morbosa tragedia romantica di sofferenza e dolore. Se questo è ciò che cercate, mollate immediatamente questo libro. Shakespeare è in fondo al terzo corridoio, secondo scaffale a destra. Qui troverete una storia d'amore raccontata con umorismo, senza peli sulla lingua, molto onesta e, cosa più importante, senza paura. Un viaggio nel quale ho imparato tante cose a proposito della vita, dell'amore, dell'accompagnamento di un paziente moribondo, della morte e anche qualcosa su me stessa, più di quanto avrei mai immaginato. Spero che vi piaccia e che, quando sarà il momento, vi sia d'aiuto.

1

LO SPILUNGONE E LA SPILUNGONA

Avevo quattordici anni, l'età nella quale noi bambine osserviamo una serie di cambiamenti nei nostri corpi infantili per diventare quelle belle, eleganti, buone e compiacenti donne di domani. L'età nella quale pensiamo solo a incontrare un principe azzurro che ci renda felici e complete: perché noi donne nasciamo come un puzzle di quelli del mercatino dell'usato, al quale manca sempre una tessera quando li compri. O almeno questo era ciò che ci veniva inculcato, con mio massimo stupore. Lo dico perché io ero esattamente il contrario di quell'antiquato stereotipo di adolescente. Ero una bambina nel pieno della sopraffazione da parte di una legione di ormoni, senza pietà né resistenza, che si divertiva, rideva a crepapelle giocando a nascondino o a palla prigioniera o a qualsiasi altro gioco che prevedesse una discreta probabilità di farsi male o rompere gli occhiali.

Ero ciò che nella mia natia Cadice si definisce un "fascio di nervi" o un "culo irrequieto": sono scappata di casa con un panino alla mortadella e quasi faccio fuori mia madre dallo spavento, ho dato fuoco a casa mia giocando con una scatola di fiammiferi sotto il letto.

Parlando del mio aspetto fisico dico solo che, nonostante i miei giganteschi occhiali tondi appoggiati sopra il mio naso pronunciato, mi chiamavano la Spilungona. Dovevo essere proprio sgraziata perché si concentrassero su quell'aspetto anziché su tutte le altre peculiarità del mio corpo.

Erano gli anni Ottanta. Un decennio che ricordiamo per i suoi importanti cambiamenti e avanzamenti, tanto sociali quanto culturali, ma anche per l'arrivo nel paese di nuove droghe che andavano di pari passo con un picco di episodi di criminalità. Mio fratello maggiore Luis, notando che trascorrevo tutto il giorno a giocare per strada e conoscendo la mia propensione a cacciarmi nei guai, cercava di proteggermi. «Paz, dovresti iscriverti con noi agli scout, altrimenti rischi di perderti. Lì la gente è sana, non fuma, per strada non c'è nulla di buono...»

Luis era un piantagrane come me, se non peggio. Ero io, ma con due anni in più di esperienza. Ciò nonostante, da fratello maggiore sentiva il dovere di proteggermi, e ripeteva tra sé e sé come un mantra: *Devo salvare mia sorella, devo salvare mia sorella...*. E come racconta un proverbio, che se non è buddhista siamo lì: "La goccia d'acqua scava la pietra non per la sua forza, ma per la sua costanza". Perciò per non doverlo ascoltare più mi iscrissi agli scout.

Il primo giorno in cui lo accompagnai alla sede del gruppo Cruz del Sur ci misero in cerchio per cominciare un giro di presentazioni in pieno stile Alcolisti anonimi. Mi sorpresi quando vidi alcune facce conosciute che non credevo sarebbero state lì – proprio come agli Alcolisti anonimi – e decisi di mettermi vicino a un'amica di scuola. Sbirciai i visi di tutte e tutti, ma il mio sguardo si fermò su di lui. Un giovanotto moro, con i jeans stretti e camicia a quadri infilata dentro i pantaloni. *Che bello. Che alto. Che forte*, mi dissi. Se non era la mia anima gemella, poteva comunque essere mio gemello, perché addirittura mi somigliava un po', con gli occhiali e il viso affilato. Ma che bello. Ma che alto. Ma che forte. Lo Spilungone e la Spilungona. Eravamo perfetti insieme! «Quello mi piace» dissi alla mia amica.

Con il passare degli anni, Antonio mi confessò un giorno di ricordare perfettamente quel momento, perché il verme aveva pensato: *Oddio! Ma chi è questa matta?*

Nei mesi estivi, i gruppi scout sono soliti campeggiare nei boschi per camminare sui sentieri, fare giochi, laboratori e ogni tipo di attività di gruppo. Durante una delle sere del mio primo campeggio, i capi scout avevano organizzato un gioco simile al programma televisivo del tempo *Lo que necesitas es amor, una sorta di Uomini e donne*. Nella trasmissione, una concorrente con gli occhi bendati doveva svolgere alcune prove alla cieca con cinque candidati e sceglierne solo uno alla fine. Indovinate chi era stata scelta come prima concorrente di tutto il campeggio? O meglio, indovinate chi aveva martellato così tanto i capi scout per essere scelta come concorrente per sfinimento? E non indovinerete mai chi insistette così tanto con i capi scout per ottenere che uno dei candidati fosse Antonio, dicendo: «Per favore, fa' che ci sia lui. Degli altri non mi interessa, basta che ci sia lui».

Esatto. È superfluo indicare il nome della casuale prescelta. Mentre mi bendavano, io domandai al capo scout: «Che numero è?» sussurrando quasi senza muovere le labbra. «Chi?» rispose allo stesso modo.

«Antonio, e chi se no?»

«Ah, il numero tre.»

«Grazie, grazie mille davvero!»

Così iniziò il gioco. Sfoderai le mie doti recitative, fingendo di non conoscere le identità durante le prove, sebbene approfittassi della soffiata per far coincidere i miei gusti con quelli del numero tre o per palpeggiarlo più del dovuto.

«Quindi, Paz, quale candidato scegli?» mi chiese il capo scout che faceva da presentatore.

«Il numero tre!»

«Hai scelto Antonio!»

«Ma guarda, chi l'avrebbe mai detto! Ottimo!»

Il premio che avevo vinto con grande sforzo era una cena insieme a lui su un tavolino leggermente appartato dal resto del gruppo, decorato con fiori selvatici e candele, anche se per cena avevamo lo stesso menù degli altri: spaghetti con sugo di pomodoro in scatola. Ma io mi sentivo la protagonista di *Lilli e il Vagabondo*. Facevo l'impossibile perché mangiassimo, senza rendercene conto, lo stesso spaghetto fino ad avvicinare le bocche e baciarci. Anche se questo mi imbrattava tutta la faccia di sugo. Con nonchalance, dicevo: «Vedi com'è il destino... È chiaro che è il destino ad averci unito...».

E chissà se qualcosa di quella frase non contenesse un fondo di verità. Chissà se era stato proprio il destino ad averci unito o se quello che noi chiamiamo destino non è che un'espressione della propria volontà che non riusciamo a comprendere. La manifestazione del fatto che quando desideriamo fortemente qualcosa ci impegniamo per ottenerla in modo inconsapevole. O consapevole in questo caso, perché sono un'imbrogliona. Perciò qualche giorno dopo lo cercai, o lo intrappolai, come preferite, e gli chiesi: «Senti, ti va di uscire con me?».

«Ma sì... Ok» rispose dopo qualche secondo di esitazione.

Mi rese la persona più felice del mondo. Improvvisamente ero al settimo cielo. Ero fidanzata!

E che bello, che alto, che forte! Ancora oggi sono felice che in quel momento lui mi avesse nascosto ciò che pensava. Solo diversi anni più tardi mi avrebbe raccontato che alla mia proposta il suo pensiero era stato: *Bah... Da qualche parte bisognerà pur cominciare. Non posso pretendere di cominciare con Michelle Pfeiffer.*

Facendo mente locale, se devo ricordare qualcosa in particolare dell'inizio della nostra relazione, non sono state esattamente le passeggiate sulla spiaggia guardando il sole al tramonto, abbracciati. L'immagine che mi torna in mente è piuttosto quella di noi due che limonavamo per ore e ore. Nel parco, a casa, sull'autobus, per strada. Ovunque. Che dolore alle mandibole il giorno dopo. Non avevamo due bocche, erano due lavatrici in centrifuga. Non sto esagerando. Una volta stavamo limonando ferocemente sull'Alameda, a Cadice, un bel viale alberato circondato dal mare della baia. Siccome tra gli occhiali e la dimensione dei nostri nasi limonare era sempre uno sport pericoloso con rischio di tagli e ferite, appoggiammo i nostri occhiali sulla balaustra che si affaccia sul mare. Dopo qualche ora, quando toccammo la balaustra a tentoni, ci accorgemmo che li avevamo probabilmente lanciati in acqua con una gomitata di passione. Avevamo giusto una manciata di diottrie in due, perciò immaginate quanto ci abbiamo messo per tornare a casa tastando marciapiedi, cornicioni, pareti, vetrine e tutti gli ostacoli di una città. Ci consolavamo pensando che avevamo curato la miopia di due pesci del mare.

Siamo cresciuti insieme. Insieme abbiamo scoperto la sessualità, nel modo più sano possibile. Con tanto amore, tenerezza e rispetto. Abbiamo imparato tutto tenendoci mano nella mano. O qualcos'altro nella mano all'occorrenza, non so se mi spiego.

Antonio iniziò a studiare Legge qualche anno più tardi. Mi disse che aveva studiato in Diritto canonico che secoli fa, per unire in matrimonio due persone – di sesso diverso, per carità, ci mancherebbe! – bastava sposarsi davanti a Dio. Più tardi fu la Chiesa cattolica che si dedicò a censire il numero di matrimoni e regolarizzare la procedura per tenere il personale sotto controllo. O almeno questo era quello che avevo capito io. Capire quello che diceva quando parlava dei suoi corsi o di qualsiasi problema che riguardasse la sua carriera per me era difficile come decifrare al primo colpo il senso di un discorso di Mariano Rajoy (politico spagnolo già presidente del Partito Popolare, famoso per i suoi discorsi un po' contorti, *N.d.T.*). Quando capimmo che esisteva un modo per sposarsi senza bisogno dell'approvazione paterna, di documenti e di soldi, non ci pensammo due volte.

La domenica successiva di buon mattino andammo alla chiesa di Sant'Antonio, in missione segreta speciale come due spie del KGB, pronti a sposarci in gran segreto. Ci inginocchiammo sui banchi, ci prendemmo per mano e, cercando di non farci buttare fuori dal tempio, sussurrammo: «Antonio, vuoi prendere Mari Paz Padilla Díaz come tua sposa, e prometti di esserle fedele in ricchezza e in povertà, in salute e in malattia, e amarla e onorarla tutti i giorni della tua vita?».

«Sì, lo voglio. E tu, Mari Paz, vuoi prendere Antonio Juan Vidal Agarrado come tuo sposo, e prometti di essergli fedele in ricchezza e in povertà, in salute e in malattia, e amarlo e onorarlo tutti i giorni della tua vita?»

«Sì, lo voglio. Fatto?»

«Penso di sì... Ah no. Puoi baciare la sposa.»

E ci baciammo di nascosto.

2

VENT'ANNI SONO NIENTE

Quello fu il primo dei nostri quattro matrimoni. Davanti a Dio, chi lo avrebbe mai detto. Antonio era cresciuto in una famiglia credente, piuttosto conservatrice. I suoi genitori erano molto più religiosi dei miei e infinitamente più religiosi di me. In effetti, non so se al tempo vedessero di buon occhio il fatto che il loro figlio uscisse con me: un uragano dalla lingua lunga, senza alcuna vergogna o pudore, pronta a fare la buffona in qualsiasi occasione.

Ricordo che la comunicazione con suo padre si limitava a un cordiale «Buongiorno», «Buonasera», «Arrivederci» o «Vuole leggere il giornale?». Io, per temporeggiare fino a quando Antonio finiva di prepararsi, ne prendevo uno dalla scrivania e sfogliavo le pagine, annuendo con la testa o declamando commenti generici a bassa voce come: «Bah, sempre la stessa cosa...», «Dovevamo prevederlo...».

Al tempo, sebbene non l'avesse mai detto, in più di un'occasione lo vedevo a disagio per il mio modo di essere, a volte perfino in imbarazzo di fronte ad amici o famigliari. Con il senno di poi comprendo – ma non giustifico – che siamo state educate ed educati con i valori di una società eteropatriarcale. Valori che ci sono stati trasmessi sin dalla nascita, che necessitano di un'educazione, volontà di migliorare e autovalutazione costanti. Valori che stridevano con il mio modo di essere, alle volte. Quando cominciava a piovere, io prendevo l'ombrello e gli ballavo intorno in mezzo alla strada cantando una versione maccheronica di *I'm singing in the rain* senza preoccuparmi di tutti quelli che mi guardavano. Mi impegnavo a essere felice senza preoccuparmi troppo di ciò che potessero pensare. Lo spiego perché si possa comprendere meglio la ragione principale della nostra rottura dopo dodici anni di puro amore.

Come ho già spiegato in altre occasioni, il mio salto verso la notorietà è arrivato per caso. Nel 1994 ero stata selezionata per partecipare a *Genio y figura*, una nuova trasmissione televisiva comica che sarebbe andata in onda sul canale Antena 3.

Al tempo io lavoravo come assistente infermiera all'ospedale Puerta del Mar a Cadice, e durante un pomeriggio libero accompagnai mio cognato, il Gran Malakatín, mago di professione, a un casting a Siviglia. Per ammazzare il tempo partecipai al casting a fianco. Bisognava raccontare un paio di barzellette e io ne conoscevo milioni.

Dopo qualche settimana mi dissero che ero stata selezionata tra non so quanti partecipanti e decisi di tentare la fortuna, se non altro per vivere l'esperienza, più che con l'intenzione di lavorare nel mondo dello spettacolo. Chi avrebbe mai immaginato che quel programma sarebbe diventato un enorme successo in termini di ascolti e che il mio senso dell'umorismo sarebbe stato apprezzato da centinaia di migliaia di spettatori ogni sera. Cominciarono a chiamarmi per partecipare ad altre trasmissioni e spettacoli in tutto il paese. Da un lavoro ne saltava fuori un altro e così via. Conoscevo il tragitto Cadice-Madrid meglio dei ferrovieri.

Oltre ad affrontare la più grande sfida personale e professionale della mia vita, nonché le barriere che esistevano per le donne nel mondo dello spettacolo (alcune ci sono ancora), dovetti lottare con qualcosa contro cui non avrei mai pensato di dover lottare, ovvero la disapprovazione del mio compagno. Non voleva trasferirsi con me a Madrid perché non era nei suoi piani per il futuro, il che era totalmente comprensibile; ma al contempo non voleva che nemmeno io lo facessi, perché, come diciamo in Spagna, "questo lavoro è pane per oggi, ma fame per domani".

Non so in quale proporzione in questo atteggiamento ci fossero istinto di protezione ed egoismo. Come ogni relazione sul punto di rottura, le telefonate e il tempo che trascorrevamo insieme diventarono una sequela di discussioni intorno al tema. Il risultato fu che mi ritrovai a dover decidere: restare a Cadice per amore e rinunciare a una rischiosa ma attraente opportunità professionale, o invece farmi coraggio, gettarmi nella mischia e dedicarmi esclusivamente a quello che mia madre chiamava "fare l'artistoide"?

Con i cuori spezzati e il sentimento reciproco di incomprensione verso l'altro, i nostri cammini si divisero. La rottura era inevitabile. Ciò nonostante, pur perdendo i contatti quasi del tutto, dopo la separazione ci furono sempre cordialità e affetto. A volte ci chiamavamo per sapere come stesse andando, anche per congratularci quando venivamo a sapere che l'altro si sarebbe sposato o che aveva avuto una figlia. Avevamo ricostruito le nostre vite. Entrambi ci eravamo sposati e poi avevamo divorziato. Uguali in tutto e per tutto. Lo Spilungone e la Spilungona.

Vent'anni più tardi ricevetti una sua chiamata.

Non so se fosse sotto l'effetto dell'anestesia perché stava uscendo dal dentista, ma mi chiese: «Cos'ho sbagliato nella nostra relazione?».

Mi raccontò che aveva divorziato e non riusciva a capire cosa avesse sbagliato nel suo matrimonio, quale fosse stato il suo errore. Credeva che se avesse scoperto quale fosse stato lo sbaglio che aveva commesso nella nostra relazione, magari avrebbe capito cosa aveva sbagliato in quella attuale. Naturalmente la mia risposta fu che non potevo sapere quale fosse il legame tra le due rotture. Erano due età diverse, persone diverse... c'entrava come i cavoli a merenda.

Da lì ricominciammo a telefonarci e a interessarci l'uno all'altra più spesso. «Come stai?», «Come sta andando?», «Tutto bene?» Fino a quando un giorno, un po' di tempo dopo, gli dissi che stavo andando a Cadice e mi propose di cenare insieme per «parlarci di persona, che è meglio di farlo al telefono». Un classicone. Nessuno nella breve storia della telefonia mobile ha detto questa frase senza l'intenzione di rimorchiare. Sono sicura che se avessero avuto i cellulari, Isabella la Cattolica avrebbe scritto a Fernando:

Ehiiiii, Fer, quanto tempo! Dai che ci vediamo, no? K mi sento abbandonataaaa. (Faccina sorridente, faccina occhiolino, faccina con bacino.)

C6 domani per un caffè ah no, al tempo il caffè non c'era. *Non so, mmm... Possiamo andare a messa, so che è di moda adesso* (Emoji chiesa, emoji delle mani che pregano, emoji del prete calvo.)

Sì, certo... Vuoi che mi inginocchi in chiesa prima per pregare e poi per inginocchiarmi davanti al tuo... x unire i regni di Castiglia e Aragona! (Faccina rossa arrabbiata.)

Ma va, scema!!! Siamo cugini di secondo grado, come potrei fare 1 cosa del genere??? Vorrei solo parlarti di persona, che è meglio di farlo al telefono. (Faccina sorridente.)

Ok va bene, xò vienimi a prendere dopo il bagno. Ne faccio uno ogni nove mesi, perciò non voglio saltare anche questo. (Emoji del bagno, faccina che sta per vomitare.)

In sintesi, entrambi stavamo un po' flirtando e quindi decidemmo di recuperare il tempo perso com'era giusto che fosse. Qualche giorno prima ero stata diretta con mia sorella: «Sole, tu non hai visto Antonio. È diventato fighissimo e se riesco me lo scopo prima di tornare a Madrid. Non preoccuparti, sarà per ricordare i vecchi tempi e finita lì».

Mi propose di andare in un posto molto figo che conosceva sulla spiaggia e gli feci una controfferta che non poteva rifiutare: «D'accordo, però offri tu».

Difficilmente potrò dimenticare quella sera per tanti motivi. In primis, il posto. Una squallida baracca con fari di luce bianca sufficiente a illuminare facilmente due o tre sale operatorie, macchie di sporco perfino nel portatovaglioli e un cameriere con i capelli più sporchi del portatovaglioli, con una pettinatura a leccata di mucca. Più che un *gastro-bar* era un *esco-bar*. Vi dirò solo che era vicino a una spiaggia sulla costa di Cadice, ma non voglio citare il nome per non urtare la sensibilità di nessuno. Oggi con due dettagli puoi trovare su Google Maps perfino chi ha mangiato la zuppa di pipistrelli con Coronavirus.

Ma torniamo a noi: una volta finito di cenare nell'*esco-bar*, dove per poco non mangiavamo la zuppa di pipistrelli, siamo scesi in spiaggia per fare una passeggiata. Quando ho sentito l'odore penetrante del mare e delle rocce coperte di alghe sulla scogliera, mi sono resa conto di quanto mi mancasse la mia terra e l'abbuffata di frutti di mare che avrei potuto fare se solo avessi scelto io il ristorante quella sera.

Antonio mi fermò per un secondo per mostrarmi un'applicazione sul suo telefono che, se si puntava quest'ultimo verso il cielo, era in grado di individuare le costellazioni, immagino per qualche sistema GPS. Approfittando della sua imponenza, si mise dietro di me cingendomi con le sue braccia per mostrarmi sullo schermo dove fossero l'Orsa Maggiore, Orione e Venere. Io non mi accorsi di nulla. Dissi solo: «Oh, Antonio, ma che meraviglia».

Ma solo perché guardavo i suoi bicipiti. All'improvviso, una leggera brezza d'aria mi pietrificò, lasciandomi senza parole. Il suo odore mi aveva stesa come un camion. Il suo odore, non il suo profumo. Tornai ad avere quattordici anni. Tutte quelle ore trascorse a baciarci sull'Alameda passarono davanti ai miei occhi a tutta velocità come fotogrammi di un film romantico classico. L'ingranaggio dal meccanismo perfettamente oliato di labbra, denti e lingue riprese a funzionare vent'anni dopo. In quell'occasione senza occhiali da lanciare ai pesci con una gomitata. In vent'anni abbiamo avuto il tempo di abituarci alle lenti a contatto.

La mia mente era occupata da un unico pensiero: sono a casa.

3

SODOMA E MALDIVE

Le cose non riescono mai secondo i piani, nel bene e nel male. Quello non finì come un appuntamento da una botta e via, dai e dai e poi chi s'è visto s'è visto. *Ci sentivamo a casa*: avete idea di quanto sia raro sentire una cosa del genere? Quanto sia difficile trovare una persona della mia età, single come me e senza un disturbo mentale troppo ingombrante? Una persona con cui conversare, che ti diverte, che ti fa sentire a tuo agio, tranquilla, e che mentre ti sta parlando tu pensi solo a strapparle i vestiti come se fosse un regalo di Natale da scartare? Che ti faccia sentire a casa! Magari se sei giovane (e quindi sei tanto ingenua quanto scettica) non dai importanza all'epica impresa che avevamo portato a termine senza la pretesa di farlo.

Non vi preoccupate, perché, come disse il drammaturgo George Bernard Shaw, la gioventù è una malattia che si cura con il tempo. Magari un giorno, quando con tutta probabilità dovrete emigrare per cercare lavoro, capirete cosa significa *sentirsi a casa* e come ci si sta bene, e come dice il vecchio adagio: "Come si caga a casa propria, da nessun'altra parte".

Iniziammo a vederci sempre più spesso: a Cadice, a Madrid o dove possibile. E ci succedeva quello che succede sempre quando inizi una relazione, quello che tutte e tutti voi state pensando... Esatto, non smettevamo di raccontarci tutte le esperienze vissute nei vent'anni in cui le nostre vite avevano percorso sentieri diversi. Che maliziose e maliziosi siete! Sicuramente pensavate che parlassi d'altro. Be', siccome sto scrivendo un libro e devo essere elegante vi dirò che sì, certamente ero in preda a una libidine smisurata e incessante. Ecco, ce l'avevo in fiamme come il braciere della fiamma olimpica. Per via del fuoco e pure per le dimensioni. Ho contribuito di più io in alcuni mesi al disgelo dei poli che quattro anni di mandato di Donald Trump.

Come avete potuto notare, sono sempre la solita elegantona. Non credo che la fama mi abbia cambiata. Credo di essere uguale a come ero prima di diventare famosa, semplice allo stesso modo, parsimoniosa allo stesso modo. Per esempio, a casa riutilizzo sempre l'acqua della mia *jacuzzi* per innaffiare alcune delle buche del mio campo da golf privato.

Antonio odiava ancora le telecamere che mi circondavano ogni giorno, ma ritrovare la stessa *Paz-za* di vent'anni prima fece pendere l'ago della bilancia verso un secondo tentativo di relazione con un'artista. Constatò in prima persona che nel mio ambiente non tutti sniffavano cocaina come l'aria. Non è un gioco di parole: intendo dire che quando mi trasferii a Madrid capì male le mie parole, quando gli dissi che *aspiravo* al meglio. Antonio, se avessi mai provato la cocaina nella mia vita te ne saresti accorto, te lo garantisco. Con il naso che mi ritrovo, con una striscia avrei lasciato senza cocaina tutta Wall Street, provocando un crollo della borsa mondiale.

Settimana dopo settimana si abbatteva quel muro di paure che si erano affollate nella sua testa rispetto all'immagine che aveva di me. In quei primi mesi in cui ci eravamo conosciuti (o ri-conosciuti) mi sorprese scoprire quanto poco avesse viaggiato. In realtà, quanto poco desiderasse viaggiare. Diceva semplicemente che non gli piaceva, ma io sapevo che era per paura. Paura dell'ignoto, di non avere il controllo della situazione. Ciò nonostante, ascoltava le mie storie di viaggi esotici con l'entusiasmo di un bambino. Come quando dei pirati ci inseguirono con un mitra lungo una spiaggia di Capo Verde, vai a sapere perché. O quando, per errore, un signore arrivò da me e mi urlò che l'acqua dove stavo facendo il bagno non era calda perché ci avevo fatto pipì, ma era la bocca di un vulcano che sputava fuori lava ogni tanto senza preavviso. I tipici aneddoti. Percepivo il suo stupore a ogni disavventura che gli raccontavo, perciò scoprire il mondo con lui diventò il mio più grande desiderio. All'improvviso gli dissi: «Antonio, io non lavoro dal tal giorno al tal giorno, tu puoi prendere ferie? Sì? E allora prepara la valigia, perché andiamo alle Maldive».

Non era un'idea arrivata dal nulla. Avevo subito uno scrupoloso lavaggio del cervello negli anni. Quando una persona accede allo scintillante mondo dello spettacolo, nelle viscere dello *show business*, oltre a sopportare il peso della fama deve sopportare anche diversi individui che come zavorre di diversa entità sembra abbiano l'obbligo morale di dirti ciò che devi fare, di consigliarti ciò che è più conveniente per la tua carriera artistica e la decisione che segnerà in eterno la tua vita personale. Questa specie umana che si annida in ogni angolo dell'ecosistema artistico non cesserà il proprio impegno di farti seguire i suoi saggi consigli ogni volta che ti incontrerà, come se fosse in missione per conto di Dio. Se vi dovessi raccontare degli esempi, finirei per scrivere una saga più lunga di quella di *Harry Potter*: *Paz Padilla e quelli che hanno da ridire sul suo fisico, Paz Padilla e dovresti perdere l'accento andaluso,* eccetera.

Molti di questi consigli altruisti sono frutto di un tentativo vano di farti vedere che sono "sul pezzo" e farti sentire all'antica perché tu non lo sei. Sono agenti di commercio per vocazione. Vogliono farti vedere quanto sei sbagliata se non hai comprato l'iPhone uscito oggi e che sarà già vecchio prima di completare questa frase; o se non sfoggi quel capo di abbigliamento "all'ultimo grido" visto sulle passerelle di Milano (ti saluto con l'altra mano).

Nel mio caso, quando grazie al mio lavoro ho avuto abbastanza soldi per potermelo permettere, ho cominciato a viaggiare per il mondo. Viaggiare era diventata la mia più grande dipendenza, lo adoravo. Anche ai tempi in cui si viaggiava per il piacere di scoprire culture diverse, invece di farlo per pubblicare una foto e ottenere dei *mi piace*. Avevo il passaporto con più inchiostro sopra di quello sul corpo mega tatuato di Sergio Ramos, calciatore della nazionale spagnola. Ma al ritorno, da ovunque stessi rientrando, dopo aver terminato il mio breve resoconto di viaggio, tutte le amiche mi dicevano la stessa cosa: «Oh, Paz, tu devi andare alle Maldive».

Ovviamente per essere *cool* non puoi chiamarle isole Maldive, bisogna dire Maldive e basta. Senza denominazione geografica, così si vede che le conosci bene come se ci andassi un fine settimana sì e uno no. Non so perché proprio le Maldive, sarà che al suo interno c'è la parola *dive* e questo le fa sentire speciali. Perché quando vanno negli Stati Uniti al loro ritorno non dicono "arrivo dagli Uniti" o se hanno visitato un posto meno *glamour* come Brembate di Sopra non dicono "vengo da Sopra", anche perché sembra che sei appena tornato dalle pulizie in soffitta.

Non dico che non mi sembrasse un luogo attraente, tutt'altro: quando guardavo le foto di quel paradiso di capanne in legno costruite a sfioro su un mare di acqua turchese, pensavo sempre: *Se un giorno andrò alle isole Maldive, ci andrò da innamorata*. Insomma, per farlo a tutte le ore come conigli. Non spenderò mai un patrimonio per stare in spiaggia sotto l'ombrellone a fare sudoku.

E quel giorno era arrivato. Non l'ho mai fatto così tanto in vita mia. Chiedo scusa per l'immagine grottesca che posso avervi fornito. Da quando ci svegliavamo. Prima ancora di mettere un piede sul pavimento, facevamo già un giro di giostra. Quelle scopate ti davano la carica giusta al mattino, altro che caffè. Lo facevamo ovunque, perfino in doccia. Farlo in doccia, così scomodo e sopravvalutato... Una è sotto il getto dell'acqua e l'altro resta fuori, muore di freddo e si ritira tutto. Se cambiamo posizione, mi congelo. Se apro la bocca, affogo direttamente con l'acqua; se la chiudo, non faccio niente. Metà del tempo lo trascorri a toglierti l'acqua dagli occhi per vederci un po'; infine, dopo mezz'ora a tentare invano di abbracciare l'altra persona perché è scivolosa come una saponetta, quando riesci a cominciare l'atto, riesci solo a pensare che ti toccherà passare lo straccio per asciugare il lago che si sarà fatto in bagno.

Quelle isole sembrano disegnate apposta per la fornicazione. Quelli di Sodoma e Gomorra erano vizi, lì è necessità. È il corpo che te lo chiede. Il tramonto potrebbe essere finto: potrebbe essere una proiezione digitale di qualche tipo di algoritmo informatico creato perché ti venga subito voglia.

«Signori, per cortesia, fate i bravi, questo non è il luogo adatto per fare sesso.»

«Uh ci scusi, ci siamo lasciati trasportare da questo bel tramonto e...»

«Sì, sì, lo so, ma l'aereo sta per atterrare e dovete restare ognuno sul proprio sedile e con la cintura di sicurezza allacciata. Avrete tutto il tempo per farlo nei prossimi giorni sull'isola...»

Sicuramente i nativi sanno che è una caratteristica autoctona del loro paese, oltre a tutte le altre. Ce l'hanno dentro, sin da piccoli. Mi immagino le guide turistiche durante le escursioni, mentre spiegano alle famiglie: «A seguire, se guardate alla vostra destra, appoggiati sul ramo di un albero, potete contemplare alcuni esemplari di pappagalli del luogo, e lì sotto, proprio ai piedi dell'albero, la tipica coppia di quarantenni europei praticare il coito nel primo anfratto che hanno trovato. Santo cielo! Siamo fortunati. Siamo arrivati in tempo per assistere a un meraviglioso spettacolo della natura che si può vedere solo alle isole Maldive. Ammirate le decine di donne che arrivano, camminando come granchi, per rinfrescare le loro ardenti parti intime dopo un'intensa giornata di sesso. Un fenomeno che sta distruggendo la nostra barriera corallina, provocando all'acqua una drastica escursione termica di diversi gradi tra il giorno e la notte».

Ricordo soprattutto una sera, quando stavamo discutendo a proposito della spietata critica di Kierkegaard alla metafisica hegeliana come scienza che descrive la realtà completa, non per il suo carattere ideale e astratto, ma piuttosto per l'insabbiamento dell'etica. D'accordo, non è andata proprio così, tanto per cambiare eravamo avvinghiati in spiaggia come due piccioncini. Comunque vedemmo in lontananza un gruppo numeroso di persone che camminavano sulla spiaggia (vestite troppo eleganti per essere conciate così di propria iniziativa) che si dirigevano verso una struttura in legno con dei fiori che si trovava sulla riva, a un centinaio di metri da noi.

«Uh guarda, Antonio, che razza di pinguini che ci sono alle Maldive» dissi scherzando.

«Ma cos'è? Un matrimonio? Con questo caldo?»

«Sembra di sì... No? Be', il posto è magnifico... Ma ti immagini sposarti qui?»

Il matrimonio che avevamo celebrato durante la nostra adolescenza, quello davanti agli occhi di Dio, non aveva alcun tipo di validità. Certo, era una scusa per poter andare a letto insieme senza vivere nel peccato: tutto ciò che ci importava e che era importante agli occhi del mondo. A volte penso che sia l'istinto di copulare a muovere il mondo: che la Terra ruoti su se stessa perché qualcuno corre alla ricerca di qualcun altro per andarci a letto, e quest'ultima ne rincorra un'altra ancora, facendo sì che non smetta mai di girare. Con l'amplesso come motore centrale del tutto, la teoria amplessocentrica. Immagino che quando hanno scritto la Bibbia abbiano lasciato apposta quei piccoli vuoti legislativi per il peccato, come il "Non fornirai falsa testimonianza, non mentirai... Salvo per proteggere un altro ecclesiastico accusato di pedofilia in tribunale".

Per qualche momento fantasticammo di sposarci su quell'altare fiorito durante uno di quei perfetti tramonti algoritmici, ma presto facemmo i conti con la realtà. In primo luogo, era troppo costoso. Se già il viaggio era stato un salasso, non osavamo immaginare di quanto sarebbe salito il conto se ci fossimo anche sposati. Non tanto per l'affitto dello spazio, ma per l'invito esteso alla mia famiglia, che sono le persone che mangiano e bevono di più al mondo. Si può dire che la mia famiglia sia letteralmente senza fondo. Non riuscivo a immaginare l'elegante cerimonia senza pensare a mio fratello che diceva a un cameriere che era finito il barile di birra e che ne portassero un altro, avrebbe dato una mano lui se serviva.

Per darvi un'idea, nel 1998 ebbi l'onore di essere la madrina del Carnevale di Cadice. Essere nominata madrina è motivo di orgoglio per qualsiasi nativo di Cadice affezionato al carnevale. Uno dei riconoscimenti maggiori che si possano ricevere, per questo motivo lo si fa gratis. Il mio compenso al tempo era elevato, ero in piena ascesa della mia carriera, ma come vi ho già detto, lo si fa in maniera disinteressata. La sindaca mi disse che, benché fosse gratuito, avrei potuto invitare familiari e amici alla cena dopo la manifestazione, e per proseguire con la festa ci avrebbe dato dei buoni per bere gratis in un tendone installato per l'occasione in quella settimana. Mi vennero a cercare dopo due ore nel tendone per dirmi che ci avrebbero chiuso i rubinetti, perché la mia famiglia si era bevuta ben più del valore del mio compenso. Perciò capitemi, io mi domandavo solo quanti carnevali costasse un matrimonio.

Quando la cerimonia che seguivamo con la coda dell'occhio finì, il personale condusse gli invitati verso il giardino di un hotel vicino per proseguire con i festeggiamenti.

«Antonio, è la nostra occasione, corri, hanno lasciato l'altare! Andiamo a sposarci! E senza spendere un centesimo!» gli dissi prendendolo per un braccio prima ancora che si alzasse dalla sabbia.

Non era mai lui la mente di quelle pazzie, ma mi seguiva di buon grado quando mi venivano in mente.

Avevano lasciato tutto perfettamente allestito: l'altare con un tappeto che conduceva lì, sedie, fiori... Tutto pronto perché ci dicessimo – ridendo fino alle lacrime per quel momento surrealista – che avremmo voluto trascorrere insieme il resto delle nostre vite. Dopo i "sì, lo voglio" tornammo direttamente nella nostra stanza senza cenare, per parlare di metafisica un altro paio di volte.

4

CON I DOCUMENTI

Antonio non sapeva che alle Maldive, oltre ad aver commesso tutti i peccati possibili e immaginabili – compreso l'omicidio, perché ci siamo ammazzati dalle risate – aveva commesso il peggior errore della sua vita: assecondarmi nelle mie pazzie.

Al nostro viaggio successivo, in India, decisi di ripetere lo scherzetto del matrimonio, ma spingendomi un po' più in là: organizzai a sorpresa un matrimonio con rito indù. Nella mia testa, come sempre, tutto aveva senso. Arrivammo da innamorati nel Rajasthan e cominciammo a vedere un tempio di qua, un palazzo di là, e l'incenso, e Ganesha, e la spiritualità, e quando meno se l'aspettava eccoci a cavalcioni sulle spalle di due indiani che cantavano, appena sposati, con un turbante di piume e urlando *namasté*. Sarebbe stato più opportuno dire "basta-tè". Bevevamo soltanto tè! E praticavamo yoga. Lo stesso saluto al sole che facevamo in India era quello che facevamo alla Maldive...

Quando si dice che l'amore vince su tutto, dev'essere vero. Ancora oggi non capisco come Antonio non si sia reso conto del mio piano né come Manik, la nostra guida, non mi abbia uccisa già in aeroporto quando mi chiese: «Quando volete celebrare il matr...?».

«*Shhhh* zitto!» gli sussurrai. «Lo sposo non sa niente...»

«Ma come non sa niente...?»

«Non sa nulla, è una sorpresa.»

«E quando lo verrà a sapere?»

«Due ore prima. Zitto» insistetti, mentre notavo come la sua faccia cambiava colore, da una sfumatura zucchero di canna a una bianco saccarosio.

Insomma, tra sussurri e gesti lui capì che io volevo un matrimonio indù con tutti i crismi: elefanti, abiti colorati, trucco, anelli e persino una torta nuziale fatta di pollo al curry piccante se quella era la tradizione.

Una volta arrivato il giorno X all'ora Y, o Y e un quarto, dopo il solito «Buongiorno, amore mio» gli dissi: «Antonio, tra due ore arriva un elefante per te e ci sposiamo».

Se uno già suda di suo alla notizia che di lì a due ore sarebbe stato obbligato a sposarsi e sarebbe anche arrivato un elefante a prenderlo, figuratevi in India con cinquanta gradi e percepiti duecento gradi per trenta minuti in forno ventilato. Era così sudato che sembrava lo avessero appena inzuppato nel Gange.

«Paz, dimmi che è uno scherzo, per favore.»

«Ma sì, ci sposiamo. Ho preparato tutto: l'elefante, il maestro di cerimonie, gli abiti, l'ambasciatore...»

«Ma no, io non voglio» disse in fretta quando si accorse che ero seria.

«Per favore, io sono innamorata di te, voglio che sia per tutta la vita, ti prometto che non andrai in giro vestito come Gandhi...»

E via così per un'ora e mezza.

«Antonio, ma dai, è così romantico, avremo un po' di India dentro di noi, dai che c'è già Manik con l'elefante che ti sta aspettando.»

«Ma come posso sposarmi senza mia madre, senza mia figlia? Sei impazzita?»

«D'accordo, allora ci sposeremo anche a Cadice.»

«D'accordo» disse dopo aver riflettuto per qualche secondo sulla proposta.

Non c'erano alternative. Mentre ci vestivamo in velocità lo sentivo dire a denti stretti: «Maledetta... Non cambia mai... Con il caldo che fa...».

Se di solito lo sposo e la sposa non possono vedersi nel giorno delle nozze, in questo caso era Antonio quello che non mi poteva vedere.

Scendemmo alla reception con Manik, che se lo portò via in elefante per vestirlo per la cerimonia con un abito bianco di seta. Meno male che era bianco, fosse stato nero e di flanella avremmo divorziato il giorno stesso. Sul viso gli fecero un trattamento esfoliante di mezz'ora, lasciandogli la pelle più bianca di quella di Malik in aeroporto. Gli lisciarono così tanto l'epidermide, il derma e pure l'osso frontale che gli si potevano vedere persino i pensieri. E nessuno di questi era lusinghiero nei miei confronti.

Un gruppo di donne invece condusse me lungo un sentiero per lavarmi con delicatezza (senza esfoliarmi), mi dipinsero minuziosamente le braccia con l'henné dalle ascelle fino alle unghie e mi misero un sari. Il sari, pur avendo il nome di un software usato dalla polizia per il riconoscimento facciale dei criminali, è l'abito tradizionale che le donne indossano nel famigerato "giorno più bello della loro vita". Dico così perché dopo essersi messe il sari dubito che si sposeranno mai più. Assomiglia a uno di quei parei che gli hippie ti vendono sulla spiaggia, ma con due milioni di perline cucite addosso ed è fatto di seta sottile, sottile sottile e ben aderente al corpo. O meglio, aderente solo nel momento delle foto. Appena cominci a camminare è come essere vestita di anguille. Ti cade da un lato, allora lo tiri su e ti cade dall'altro, ti chini e ci inciampi sopra... Per non parlare della pettinatura. Una crocchia che pesava come un macigno. Sono sicura che se Gesù Cristo avesse dovuto scegliere tra la corona di spine e quella crocchia, avrebbe scelto la corona.

Infine vidi lo sposo, con il viso imbiancato e dei gioielli d'oro che gli pendevano dalla faccia come tentacoli di un polpo. Lo sposo mi vide con quella crocchia che tirava ogni singolo muscolo del mio viso. E non potevamo nemmeno ridere l'uno dell'altra perché eravamo troppo scomodi per farlo, ma anche perché eravamo troppo innamorati.

Dopodiché salimmo sull'elefante che ci avrebbe condotti all'altare con una passeggiata romantica. So che a volte tendo a esagerare, ma vi assicuro che non avevo così tanta nausea neanche quando sono andata sul Blue

Tornado subito dopo aver mangiato. Sinceramente non so perché non si chiami Blue Elephant. E vai di qua. E di là. E da una parte. E dall'altra. Ed ecco che mi cade l'anguilla, ed ecco che mi cade la testa indietro... Ma non potevo mostrarmi debole davanti ad Antonio con tutto quello che gli avevo fatto... E a ogni andirivieni dell'elefante io gli dicevo: «Ti amo», «Che bello, vero? », «Ti adoro», e lui: «Ah, se ti prendo! Ah, se ti prendo!».

La cerimonia indù è un rituale carico di misticismo e simbologia, e il primo simbolo che ci misero davanti fu il rogo purificatore. Si chiama così perché "quel maledetto del rogo" non era abbastanza mistico. Come simbolo va benissimo, ma non sarebbe stato male come simbolo nemmeno un frigorifero pieno di ghiaccio e qualche birra fresca. E dai di simboli: tu mi dai la mano e io ti do la mia, facciamo la giravolta, ora la faccio io, adesso ti cade il cappello e Manik te lo schiaccia in testa con un pugno, ora un'altra giravolta urlando: «Ahia, le orecchie, le orecchie...».

Dopo quel rilassante rituale arrivò il momento importante. Ancora oggi non so quanto fosse importante, perché non capii una parola, ma lo sembrava. Il maestro di cerimonie ci disse qualcosa in hindi che noi dovevamo ripetere e a spintoni ci indicava di andare da una parte all'altra, adirato perché non lo capivamo. Infine, stanco di noi, tirò fuori i documenti per firmarli.

«Ma figurati se firmo questi fogli che sono scritti in hindi!»

«Ma non fa niente, tesoro, tu firmali...» gli dicevo mentre gli mettevo in mano una penna.

«Ma Paz... Sono un avvocato! Ti pare che io firmi qualcosa che non so cosa voglia dire?»

«Dai, Antonio, firma che ci stanno aspettando!»

«Ma va contro la mia etica professionale!»

«Antonio, firma! E poi sono sicura che stiamo firmando la comunione dei beni.»

«Allora firmo» disse senza pensarci due volte.

Un anno dopo festeggiammo il nostro quarto e ultimo matrimonio. Con le nostre figlie, i nostri familiari, le nostre amiche e i nostri amici, nella nostra spiaggia di Zahara de los Atunes e nella nostra lingua. Sapendo quello che stavamo firmando. Per assurdo, era così immensa l'estasi della nostra felicità che il nostro campo visivo si era ridotto ai nostri soli occhi. Avremmo firmato anche dei documenti in arabo, in cinese o perfino un assegno in bianco al prete della parrocchia se ce l'avessero messo davanti. Perché eravamo su un altro pianeta. Eravamo a casa.

5

HAI SENTITO QUELLO CHE HO SENTITO IO?

Lunedì mattina. Ho appena fatto la doccia, sono vestita e truccata e pronta a prendere la macchina e uscire di casa. Ci ho messo mezz'ora per scegliere il completo e per prepararmi per bene. Devo registrare una puntata di *Passaparola* cui partecipo come ospite. Mi vedo particolarmente bella, inarrestabile. Uno di quei momenti in cui credi che ti mangerai il mondo a morsi e farai tremare i marciapiedi a ogni passo. Suona il telefono. È Antonio. Mi dice che non sa cosa gli sta succedendo, che ha paura. È molto spaventato. Durante la pausa del suo lavoro in Comune è uscito a prendere un caffè a metà mattina e ha cominciato a sentirsi male. Gli dico che certamente si tratterà di un episodio di ansia per il carico di lavoro del lunedì, di un eccesso di stress generale che tutti sentiamo o di un insieme di fattori che sono stati accelerati da un espresso senza zucchero. Mi ripete che non si sente nel pieno possesso delle sue facoltà, che si sente strano. Ha deciso di andare all'ambulatorio medico, dice di avere bisogno di una visita. Gli dico che in quel caso, se vuole fare un esame più approfondito per tranquillizzarsi, che avvisi al lavoro, che venga a casa e che sarebbe stato meglio andare alla Clinica Quirón. Non per sfiducia verso i professionisti dell'ambulatorio, ma per disporre di un numero maggiore di macchinari o personale in caso di necessità, cosa che ritenevo plausibile a giudicare dal suo tono di voce. Dopo aver insistito, accetta la mia proposta.

Lo chiamo.

«Sto arrivando, sono in macchina» mi risponde.

Il suo ufficio è a cinque minuti da casa. Dopo un quarto d'ora non è ancora arrivato. Inizio a preoccuparmi ed esco per strada per vedere se arriva girando l'angolo. Vedo arrivare la macchina in lontananza. Quando si avvicina, gli faccio cenno di frenare, sta arrivando troppo velocemente, come se non mi avesse vista pur essendo pieno giorno. Finalmente frena bruscamente, fino quasi a spegnere l'auto. Con il veicolo ancora in moto per miracolo, Antonio cerca di scendere, senza rendersi conto che la macchina non è ancora ferma. È come se metà del suo corpo cercasse di uscire, ma venisse trascinata dall'altra metà che immobile rimane dentro. Ma che succede? Agisco rapidamente, cercando di frenare la macchina con il mio corpo, visto che lui non è cosciente di ciò che sta succedendo e io non posso entrare per tirare il freno a mano. Quando stiamo quasi per scontrarci con un autobus, riesco a fermarla. Sono molto spaventata, non capisco cosa stia succedendo. *Ha cercato di scendere dall'auto in corsa...* penso, senza finire di credere a ciò che sto vedendo.

È disorientato. All'apparenza sano, ma incapace di controllare il proprio corpo né la parola del tutto. Lascio la macchina in doppia fila. Chiamo il mio manager per raccontargli ciò che è successo e dirgli che sarei andata verso l'ospedale. Gli dico di chiedere scusa da parte mia alla troupe per non poter partecipare alla registrazione, per via di un'urgenza medica.

Arriviamo in clinica. In coda, aspettando di fornire i dati del paziente, vedo che è ancora più disorientato e scoordinato.

«Ma io come mi chiamo? Come mi chiamo, Antonio? Come mi chiamo io?»

Non mi sa rispondere. Non sa dire il mio nome. Né il suo, né dove abita, né cosa ci faccia lì. Mi sale il panico e supero in fila per chiedere aiuto.

«Per favore, mi scusi, qualcuno mi aiuti, mio marito non sa chi sono, non riesce più a parlare» dico confusa.

Un medico ci accompagna in un box appartato dove, dopo un'esplorazione neurologica eseguita in barella, deduce che bisogna fargli delle analisi, delle radiografie e una TAC il prima possibile. Se lo portano via in barella. Gli dico di non preoccuparsi, che andrà tutto bene.

Arriva Arturo, il mio manager. Il rapporto che ho con lui va al di là della sfera lavorativa, direi pure al di là dell'amicizia. È un fratello di diversa madre. Non potrò mai ringraziarlo abbastanza per l'amore che mi ha dato durante tutti questi anni. Dopo una ventina di minuti camminando da un lato all'altro della sala d'attesa, arriva il medico e porta me e Arturo in uno studio. Una volta che siamo dentro, ci dice senza alcun preambolo:

«Antonio ha un tumore maligno al cervello. Non sappiamo se si tratta di un tumore primario o secondario, una metastasi. In questi casi non possiamo fare una stima esatta, ma potrebbe restargli poco tempo da vivere. Vi lascio qui perché elaboriate quest'informazione, per piangere o urlare... L'unica cosa che vi chiedo è che non lo facciate davanti a lui quando ve lo riporteremo».

«Hai sentito quello che ho sentito io?»

«Sì» mi risponde Arturo con il mio stesso stupore.

«Ha detto che non sa quanto gli resta da vivere, quindi sta morendo?» continuo a chiedere, cercando di ottenere una risposta diversa.

«Così sembra...»

Ci deve essere un errore. Come può essere? Come può dirmelo in questo modo? Ma siamo impazziti? Non ci credo. Non può dirmi questo. "Resta qua, urla e piangi, ma non davanti a lui." Non ci capisco niente. Sono sotto shock, incapace di piangere. Arturo cerca di calmarmi chiedendomi di non trarre conclusioni affrettate, di restare con la mente lucida. È un medico del pronto soccorso, potrebbe non essere la diagnosi corretta. Potrebbe essere stato precipitoso. Ma per quanto Arturo ci provi, ormai il danno è irreparabile. Le parole di quel dottore sono come un colpo secco al petto.

Vedo arrivare da lontano mia figlia Anna, bella ed elegante come ogni giorno. Le chiedo di accompagnarmi in un luogo appartato, mentre con insistenza lei mi domanda cos'è successo. Entriamo in un bagno, le spiego tutto, dalla telefonata fino alla brutale notizia. La sua reazione è uguale alla mia. La stessa di chiunque altro. L'unica che il cervello è capace di eseguire quando capisce che, da quel preciso istante, la vita non sarà più la stessa. Lo stato di shock nervoso non è patologico. Si tratta della nostra percezione di un evento. Non si tratta di un funzionamento anormale del corpo. Semplicemente il cervello è stato sottoposto a una situazione complessa e inaspettata, che percepisce come dolorosa o dannosa, oltre che incontrollabile. Una reazione di incredulità che può durare da qualche minuto fino a diversi mesi.

In questo stato, il mio corpo decide che devo chiamare mia sorella Ana. Un pilastro per me, nonostante la distanza che ci separa.

«Dimmi, *Maripili*!» mi dice con il suo tipico tono allegro di quando risponde al telefono.

«Ana, Ana, Antonio sta morendo... Ana...»

«Cosa?»

Dopo aver sentito la sua voce, un pianto straziante esce dallo stesso posto dove ho ricevuto il colpo, come l'incontenibile emorragia che fuoriesce dopo aver smesso di premere sopra una ferita profonda. Dalla mia bocca tremante escono le parole che mi ha ripetuto il medico del pronto soccorso, ma io ho assimilato un messaggio completamente diverso. È come se mi avessero appena detto che Antonio era morto in un incidente e stavano recuperando ora il suo corpo. Piango come non avevo mai pianto fino a quel momento. Un dolore inspiegabile che può comprendere solo chi ha vissuto una situazione simile. L'espressione *morire di crepacuore* lo descrive alla perfezione. Mi sembra di morire. Urlo, piango, urlo e piango senza sosta. E quando non ho più forze, quando sono svuotata, vado verso quella che sarà la stanza di Antonio.

Lì incontro una nuova dottoressa, specialista in neurochirurgia, incaricata di tranquillizzarmi e spiegarmi tutte le possibilità terapeutiche. Mi viene da chiederle subito se sta morendo. Ho bisogno di farmi smentire questa informazione. Con calma, mi spiega che è presto per emettere una diagnosi certa. Con solo pochi esami svolti in situazione di urgenza è un rischio enorme parlare di stadio della malattia o di mesi di vita, per una patologia come questa. Per quanto ne sanno, al momento è necessario che venga ricoverato per effettuare analisi approfondite, e molto probabilmente dovrà sottoporsi a un intervento, che, vista la zona dove si trova il tumore, potrebbe provocare una serie di ripercussioni. Con pazienza mi chiarisce quali siano i sintomi, il procedimento, le fasi che seguiranno, le possibili conseguenze... Mi dice tutto ciò che può dirmi e anche di più. La sua empatia e volontà di voler tradurre nella mia lingua i paroloni delle centinaia di libri e articoli scientifici immagazzinati nella sua testa mi commuove e mi rasserena allo stesso tempo. Magari lei tra due mesi non ricorderà questa conversazione. Non credo sia conscia del fatto che il tempo che sta dedicando a me è la spinta iniziale verso il primo passo di un lunghissimo cammino che, probabilmente, dovrò percorrere.

Spostano Antonio su un letto. Sembra che il trattamento con steroidi in endovena stia cominciando a fare effetto. Si ricorda il mio nome. Mi dice di nuovo: «Ti amo». È lui a tranquillizzare me. Si vede così tanto? Devo fingere meglio. *Paz, cazzo, sei un'attrice, non di teatro classico, ma pur sempre attrice!*

Da quel primo contatto, cambio in maniera radicale. Basta trasmettere paura, insicurezza, tristezza. Capisco quello che voleva dire il primo medico quando mi aveva consigliato di non farmi vedere piangere. Anche se non condivido i modi di quel medico, il mio corpo sa che se Antonio avrà davanti a sé una persona pacata, attenta e premurosa, allora lo starò aiutando.

Le nostre vite sono cambiate da un momento all'altro. Durante la notte non smetto di pensare a quanto accaduto, seduta su una poltrona nella camera della clinica, dove per la prima volta non resto sveglia fino all'alba a causa della sua scomodità. Comincio a elaborare nel più assoluto silenzio, per evitare che si svegli e che veda una Paz così vulnerabile, così spaventata, così desolata come in effetti sono. Le lacrime scorrono sulle mie guance senza sosta, come un vecchio rubinetto la cui maniglia si è rotta appena aperto.

Così trascorro le sette ore che mancano per vedere i primi raggi di sole. Forse la mia cerchia ristretta ha ragione nel dirmi che sono precipitosa, che dobbiamo aspettare il risultato dell'intervento, i trattamenti, eccetera. Ma dalla prima notte ho un unico pensiero: è questione di tempo, sta morendo.

6

NON SIAMO PRONTI ALLA MORTE

«Antonio, chi dobbiamo far fuori questa volta? All'attacco!»

Quello divenne il mio urlo di battaglia da quel giorno nella stanza della clinica. Il mio modo per dirgli che sarei stata sempre al suo fianco. Una proiezione della speranza che custodisci quando esiste la possibilità, per remota che sia, che le cose vadano bene. Non ho permesso che mi vedesse triste. Piangevo ogni giorno, a ogni ora, ma mai davanti a lui. A volte piangevo senza rendermene conto. Lavoravo sulla mia scrivania, mi accorgevo che la mia guancia era umida, la toccavo con la mano ed era fradicia.

La parola *persona* deriva dall'etrusco, e la sua origine trova le sue radici nella parola greca *prósōpon*. Significa maschera attoriale, personaggio teatrale. Mi sembra una delle etimologie più belle della nostra lingua.

Nel teatro classico greco, gli attori indossavano maschere con delle smorfie, per esprimere come si sentiva il personaggio di fronte a uno spettatore che si trovava a decine di metri di distanza. Le maschere avevano un foro sulla bocca che permetteva di amplificare il suono. Occorre ricordare che nel V secolo a.C. non erano ancora stati inventati i maxischermi né i microfoni, perciò questa invenzione era perfetta. La metafora è semplice: siamo un insieme di maschere sovrapposte che amplificano la nostra voce, i nostri pensieri, senza paura, e per essere chi vogliamo essere davanti agli altri. Ognuno decide la maschera da indossare in ogni momento. E ora che ci penso, che brutta maschera ho scelto io in questa vita, sembro uno di quei medici che curavano i malati di peste nera.

Vorrei puntualizzare, semmai non mi fossi spiegata bene, che la metafora della maschera non significa che siamo tutti ipocriti e cerchiamo l'approvazione altrui – come quel vostro collega nei confronti del capo – ma che siamo invece tante persone quante sono le situazioni che viviamo.

Nel mio caso concreto, senza premeditarlo, mi veniva da essere così quando ero con Antonio: ottimista, energica, con senso dell'umorismo. Tuttavia, era inevitabile per me pensare alla terribile eventualità di perderlo.

La morte cominciò a ossessionarmi proprio come concetto. Non riuscivo a togliermela dalla testa, mi perseguitava, mi attraeva. Da piccola mi dicevano che si attrae ciò che si nomina. Un altro dei miti assurdi che contengono più paura che verità. È tutto ciò che so: che mi spaventa e che non so nulla di lei, tranne che è peggio dell'Agenzia delle entrate, non c'è modo di sfuggirle. La realtà era che trovarmi di colpo di fronte alla possibile morte imminente di Antonio, in un certo qual modo, mi stava obbligando ad affrontare anche la mia.

Siamo incapaci di scoprire com'è la morte, cosa si sente o se c'è qualcosa dopo, non dico un paradiso, ma almeno una piccola sala d'attesa con divanetto dove sdraiarsi per l'eternità. La cosa più vicina che possiamo sperimentare è accompagnare verso la morte qualcuno che amiamo.

Da quando da bambini scopriamo la morte e ci spoilerano il finale di questo film, cerchiamo di nasconderla per vedere se scompare. Proprio come facciamo da piccoli, quando i nostri genitori ci dicono di mettere a posto camera nostra e noi, per evitare quel fastidioso compito, mettiamo tutti i vestiti e quello che c'è in giro sotto il letto, dentro l'armadio o in qualsiasi posto nascosto alla nostra vista. Ok, magari lo facevo solo io e voi no, ma spero che abbiate capito il concetto. Ciò che non si vede, ciò che non si nomina, ciò che non si pensa, non esiste.

Lo ammetto, non avevo idea di come affrontare la possibile morte del mio compagno, né tantomeno la mia. Dare tutta la colpa a una carenza nell'educazione che ho ricevuto dai miei genitori mi sembra ingiusto. È la società in generale che non vuole essere educata alla morte. Sia il sistema educativo nella sua interezza, dai professori fino ai governi, sia i genitori non reputano essenziale un'educazione emotiva dei bambini, secondo le capacità proprie di ogni età, per affrontare la perdita di un caro, la caducità della vita o, senza andare troppo lontano, il fallimento di qualunque grado.

Nessuno nasce con gli strumenti necessari. Te li devono dare. L'essere umano non si è geneticamente evoluto per questo. Siamo avanzati velocemente, abbiamo una capacità di analisi prodigiosa visto il poco tempo che abbiamo vissuto come specie, ma abbiamo alcuni difetti di fabbrica. Il cervello non è stato disegnato inizialmente per essere cosciente della nostra morte o del nostro invecchiamento, ed evita così di tormentarci, altrimenti non ci riprodurremmo.

Siamo stati capaci di inventare marchingegni come gli specchi o le macchine fotografiche per ingannare o confermare il passare del tempo per il nostro fisico. Non importa a quanti interventi estetici ci sottoponiamo, arriverà comunque un giorno in cui saremo delle vecchie ciabatte rugose poco attraenti. Siamo fortunati, però. Possiamo in alternativa non darci mai per vinti nella nostra crociata, continuare a farci ritocchini e finire con l'essere frustrati, tristi, e con la pelle di una palla da ginnastica ritmica sgonfia; vestirci come adolescenti e dire che ci piace la musica trap e il reggaeton non ci dà un'aria giovanile, ci fa diventare dei vecchi strambi. Dobbiamo accettare il nostro invecchiamento, e dobbiamo accettare il fatto che moriremo.

La Real Academia Española, RAE per gli amici, l'unico ente ufficiale con un nome un po' tamarro, definisce la morte come “cessazione della vita” e i signorotti sono a posto così. Come se stessero descrivendo un fenomeno atmosferico. Pioggia: acqua che cade dalle nuvole. L’azione di piovere. Morte: l’azione di morire. Vuoi una definizione più completa? “Sostantivo femminile singolare.” Fine. Ah be’ certo, sempre al femminile. Tutto ciò che è bello, al maschile; ciò che ci terrorizza, al femminile. Tutte le cose negative sono sempre associate al genere femminile: la morte, l’ipoteca, la dichiarazione dei redditi, la Presidente della Comunidad de Madrid. Niente a che vedere con il parto o il travaglio. Anche se la visibilità di genere nel linguaggio è importante, qui sto scherzando, eh! Ciò che è vero invece è che la vita viene associata alla luce, e la morte all’oscurità. Di sicuro per via dei tanti infarti che ci procura la visione della bolletta dell’elettricità.

Nessuno ci prepara alla morte, ma a dare la vita invece ci preparano da quando nasciamo. Soprattutto noi donne. A che età vi hanno regalato la vostra prima bambola perché ve ne prendeste cura? Quando hanno cominciato a spiegarvi che papà impianta un semino nella pancia della mamma? In quale corso avete studiato a scuola la riproduzione sessuale, e quando invece si è parlato di lutto o dell’accettazione di una perdita? Esiste un’infinità di informazioni a portata di mano per tutte le tipologie di parto. Qualunque sia la sua peculiarità, è studiata al millimetro e dall’istante in cui resti incinta non ti mancheranno informazioni né aiuto per affrontare la gravidanza.

C’è uno specialista per tutto, in ogni momento. Se non riesci a restare incinta, se il problema invece è del partner, se vuoi adottare, se hai bisogno di uno psicologo, psichiatra, di un centro per la procreazione assistita, di un cardiologo, nutrizionista, fisioterapista, ostetrica, ginecologo. Manca solo una figura che vi aiuti a procreare e faccia il tifo per voi mentre lo fate:

«Dai, Rafa!» come se foste Nadal al Roland Garros.

Per non parlare dei veri esperti in materia. Non mi riferisco ai ginecologi, bensì a quelle persone che hanno già avuto figli... Da vostra madre fino all'amica che incontrate per strada dopo vent'anni che non vi vedete.

«Non bere caffè che altrimenti il bambino ti esce nervoso e ti viene il reflusso... Per il reflusso la cosa migliore è mangiare liquirizia... Se ti viene il reflusso vuol dire che il bambino avrà tanti capelli... Ah, se diventi brutta è perché avrai una bambina, perché le bambine ti rubano la bellezza... Se inizi a non sopportare il padre vuol dire che assomiglierà a lui... Secondo me dovresti pensare comunque al divorzio, eh, ma somiglierà a lui...»

Tutte e tutti che ti danno consigli. O per meglio dire, giudicano e ti dicono ciò che dovresti o non dovresti fare in quella precisa fase della gravidanza sulla base dell'autorità conferita loro per aver messo al mondo un figlio. Oltretutto, non avrete idea di quale consiglio seguire per alleviare la lombalgia tra i centocinquanta che vi hanno dato, perché la metà saranno in contraddizione tra loro. Disinformazione allo stato puro. Ti dicono di far ascoltare al bebè musica classica perché riesce a sentirla attraverso il pancione, ma non di proteggerlo dalle prime *fake news* della sua vita.

Perfino gli zii sanno meglio di voi cosa vi succede!

«E quello? Quello è normale, visto il mese in cui sei. A mia moglie succedeva qualcosa di simile. Guarda, perché ti passi quel dolore devi metterti a letto su un fianco e darti dei colpetti sulla schiena, altrimenti il bambino...»

Ma come darmi dei colpetti? Ma cosa ne puoi sapere tu che fai il fruttivendolo! Non sono mica un'anguria! Ma se l'unica cosa che hai fatto tu è stato tenerle la mano e soffiare come uno scemo durante i corsi preparto! E pure fuori tempo, ci scommetto!

E ancora: ci sono anche diversi corsi di preparazione al parto. Io credo di essere andata ad almeno venti corsi differenti. Sono andata a più corsi preparto che lezioni a scuola. E mi hanno sorpreso maggiormente quelli per rafforzare il pavimento pelvico. Io non sapevo nemmeno cosa fosse, il pavimento pelvico. Per quanto ne so, è l'insieme dei muscoli e tendini che sostengono gli organi del nostro corpo come vagina, vescica, utero... Insomma, ciò che impedisce a quello là di ribaltarti come un calzino. Sono passata da non conoscerlo, qualcosa di così importante, ad avere libri sugli esercizi Kegel, alle palline e dispositivi per rafforzarlo. Devo dire che, con il patrimonio che ho speso per il mio pavimento pelvico, avrebbero dovuto almeno rifarmelo in marmo di Carrara.

Tutto è così dettagliato e calcolato al millimetro durante quei nove mesi! A partire dal quarto, ogni tre ore devi mangiare cinquanta grammi di frutta, camminare almeno quarantacinque minuti al giorno, con vestiti sportivi che non schiaccino l'addome con una forza superiore a... Sembra che invece di avere un bambino dobbiamo clonarlo in laboratorio. E le ecografie sono evolute così velocemente negli ultimi vent'anni che tra un po' esce il bambino già pronto a scattarsi un selfie.

Un'amica che era appena rimasta incinta mi disse che stava andando da uno specialista in prove di immagine della gravidanza – sì, esiste pure quello – per farsi un'ecografia in 4D o in 5D. Ora, cosa vuoi di più rispetto a un'ecografia in 3D? Se la realtà, il mondo, ciò che vediamo ha solo tre dimensioni, nella 5D cosa succede, il bambino che vedi è una proiezione di sé in un universo parallelo? Riesce ad applicare la teoria delle stringhe e piegare lo spazio-tempo per vedere se uscirà con gli occhi di sua madre? Ci rifilano qualsiasi stupidaggine con il marketing, per carità! Ci sta un po' sfuggendo di mano la cosa, a furia di aggiungere D che manco i pubblicitari della Gillette quando aggiungono lame: loro sono già a sei o sette, e non possono fare bene alla pelle, a meno che tu non voglia affettarti la pappagorgia a strisce e prepararti un bel kebab.

In sintesi, esiste una pianificazione minuziosa del processo del parto, ma non abbiamo nessun corso che ci insegni a morire. È paradossale pianificare all'estremo un evento che, proprio come la morte, non sai con esattezza quando succederà. O almeno questa è stata la mia esperienza.

Ho voluto fare una festa con amici e familiari per festeggiare il parto di mia figlia, nella casa dove vivevo allora. Non la nascita, bensì il parto, proprio così come l'ho detto. Decidemmo di farla uno o due giorni prima della data prevista, non lo stesso giorno ma il più vicino possibile. Mia sorella Lola mi aveva aiutata a mettere un cartello di benvenuto sulla porta, che diceva FESTA DELLA DILATAZIONE. AIUTAMI A SPINGERE! Nel dubbio, sul retro del cartello avevo scritto STIAMO ANDANDO A LA ZARZUELA, che era il nome dell'ospedale dove stavano seguendo la mia gravidanza. Nel caso in cui avessi dovuto partorire, sarebbe bastato girare il cartello e la festa sarebbe finita. Devo specificare che la mia non era stata una bella gravidanza. Avevo sofferto un periodo di depressione nei mesi precedenti per aver visto incinta mia cognata. Non so perché, ma mi era venuto il panico e rinnegavo quella situazione.

Invitai gente che faceva casino, alla quale piaceva fare caciara per essere sicura che fosse una giornata di divertimento. E arrivarono imbucati con le chitarre artisti di ogni tipo, tra di loro pure i membri della band di flamenco Navajita Plateá. Immaginate quella festa: più di trenta persone che mangiavano, cantavano e bevevano come se non ci fosse un domani. Era andata bene sia perché non c'è niente di più bello che celebrare l'arrivo di una nuova vita al mondo, sia perché avevo invitato una lista di artisti niente male.

Se siete donne e avete partorito – o se siete il marito fruttivendolo della mia amica – saprete che le contrazioni che precedono il parto, quelle che indicano che la dilatazione sta iniziando, sono molto simili a quelle che avete avuto in precedenza, simili anche a dolori da gas intestinali in un momento specifico.

Quel giorno, da quando mi ero svegliata avevo iniziato ad avere contrazioni. Lo intuivo, ma ero fiduciosa che fosse un segno dell'imminenza al parto e che sarebbe stato il giorno seguente. Almeno il tempo di sistemare casa dopo la festa.

«Mi sa che sto iniziando a dilatarmi» dissi nel mezzo del casino, un po' per scherzo, un po' preoccupata, ma la festa non si riusciva a fermare. I Navajita cominciarono a cantare qualsiasi cosa passasse loro per la testa.

«È ora! È ora! Andiamo in ospedale! Bisogna spingere, spingere, spingere!»

Ogni mezz'ora annunciavo le contrazioni e cominciava una nuova canzone, mentre diversi invitati si mettevano a ballare al centro della cerchia che si era creata. Le contrazioni erano sempre più frequenti, erano tutti sempre più ubriachi e la confusione sempre più grande.

La mia ginecologa mi aveva spiegato che quando l'intervallo tra le contrazioni era di cinque minuti sarei dovuta andare in ospedale.

In mezzo a tutta quella confusione io non sapevo ogni quanto le stessi avendo. Si sa, in una festa il tempo scorre come fosse quello di un orologio dipinto da Dalì. Tre ore possono diventare cinque minuti, o viceversa. Avevo una contrazione e andavo in bagno, per isolarmi dal rumore. Seduta sulla tazza guardavo l'orologio e cercavo di indovinare senza successo quando fosse stata l'ultima, mi contorcevo dal dolore e dalla finestra domandavo quanto tempo fosse trascorso da quella precedente.

«Sette minuti!» gridava qualcuno.

«Sette minuti, sette minuti, sette minuti!» cantavano i Navajita.

Porca miseria. Ero confusa. Mi faceva un male cane, ma morivo dal ridere. Non riuscivo ad arrabbiarmi.

Alla festa continuava ad arrivare gente che nemmeno conoscevo. Le contrazioni avevano cominciato ad arrivare ogni cinque minuti, perciò presi il padre di mia figlia per il bavero della giacca e gli dissi che dovevamo finirla lì se non avesse voluto veder nascere la figlia al ritmo di *Volando voy* e con le pinze per il barbecue al posto del forcipe.

Far finire la festa è stato un parto a sua volta. Alla fine come compromesso proposero di accompagnarci tutti all'ospedale. Rifiutai categoricamente. Promisi di dare un'altra festa come quella ma dopo il parto. Non so se quello che sto per raccontare sia già caduto in prescrizione, ma il mio ex marito, pur di continuare con la festa, diceva: «Proprio adesso che ci stavamo divertendo!».

Ci perdemmo per strada andando in macchina verso l'ospedale. Madrid è terribile, se sbagli un'uscita puoi ritrovarti a Burgos, a duecentocinquanta chilometri di distanza.

Ricordo quella volta in cui stavo andando a un concerto con Chiquito de la Calzada, attore, comico e cantante di flamenco, e l'autista che ci stava portando si era perso. Chiquito aveva perso le staffe e aveva detto:

«Ma dove ci porta questo vile marrano! Siamo finiti in Transilvania, ci porta a vedere il Conte Dracula!».

Tornando al giorno in cui nacque mia figlia: io avevo già il collo dell'utero delle dimensioni della manica di un accappatoio, e non so come ma arrivammo in macchina in un ippodromo.

«Ho capito che ho la faccia da cavallo, ma questo mi sembra troppo...» dissi al mio ex marito.

Dopo aver sbagliato sette uscite, otto rotonde e dopo quelle che mi sembravano centinaia di pugnalate al mio utero, arrivammo in ospedale. Eravamo in gran ritardo, maledetta festa. Ci accolse un ginecologo dalla voce nasale che ci disse preoccupato:

«È molto dilatata, la bambina sta per uscire».

La mia vita è una *sitcom*. Entrai velocemente in sala parto e mi fecero l'epidurale. Non so se per lo stress o per l'anestesia, ma mi addormentai nel bel mezzo del parto. Questo fece sì che mi si togliessero le lenti a contatto per la secchezza degli occhi, facendomi tornare al mio stato naturale di mezza talpa.

Nella fretta non me le ero tolte, e in quel momento avevo su di me una massa di carne rosa sfocata che dicevano essere mia figlia. Me le sistemai con le dita meglio che potevo e riuscii a scorgere l'immagine più bella che avessi mai visto. L'infermiera se la portò via per lavarla e chiesi un'ultima cosa al dottore dalla voce nasale:

«Per favore, mi dia una sigaretta, preferisco morire che vivere un'altra giornata come questa».

7

PRIMI CONTATTI

La mia testa era un formicaio al quale avevano tirato una bastonata: solitamente affollato, all'apparenza disordinato e incessantemente al lavoro, ma dopo la botta un completo caos di emozioni ed elucubrazioni su possibili futuri prossimi. Pensavo così tanto alla morte, che era inevitabile l'apparizione a intermittenza di ricordi dove già l'avevo incrociata, protagonista dei nostri primi incontri.

Spesso, il primo contatto che abbiamo con la morte lo riviviamo finché non arriva la nostra. Non lo dimentichiamo facilmente. La prima volta in cui ho dovuto fare i conti con la sua esistenza avrò avuto poco meno di otto anni. In quell'occasione, non dovetti affrontare la morte di un essere umano, ma di un essere a me caro.

Al mercato alimentare di Cadice, ogni domenica si piazzava all'angolo un uomo che vendeva polletti colorati. Ogni fine settimana ci avvicinavamo di corsa, quando sentivamo il centinaio di pigolii che uscivano da una scatola di cartone dal lato opposto della piazza. Ecco, non erano proprio colorati. Erano tinti con una vernice spray o qualsiasi altra sostanza buona per essere ripudiata oggi, all'unanimità, in un video virale. Verdi, rosa, arancioni, blu... Degli adorabili pon-pon fino a quando dopo alcuni mesi crescevano di misura e cominciava a vedersi il loro vero piumaggio, riducendo il vistoso colore iniziale a una frangia stinta, come quella del cantante di un gruppo pop coreano. Impossibile indovinare il loro genere, proprio come per il cantante coreano.

Mia madre, a metà strada tra il purismo alimentare e lo sfruttamento animale, credette fosse una buona idea comprarmi uno di quei polletti – uno per tutti i fratelli – più come investimento a lungo termine per il pranzo che come regalo. Nessuno di noi aveva previsto quella tappa, post-polletto e pre-brodo, nella quale l'animale si dedica esclusivamente a mangiare, cagare e fare rumore, perciò fu condannato a un ingiusto esilio da una schiacciante maggioranza di voti a favore.

«Questo pollo lo portiamo a Zahara dalla nonna» sentenziò mia madre in modo dittatoriale, e non ci fu più nulla da dire.

Il primo fine settimana in cui mio padre era libero, senza pensarci due volte ci fece salire sulla Renault 5, tutti e sette i bambini, la sua santa moglie, i vestiti puliti, coperte, cibo e quel polletto azzurro nel bel mezzo dell'età in cui cambia la voce e iniziano a spuntare i brufoli.

Mia madre lo mise in un sacchetto di plastica, dentro una borsa di similpelle nera, affinché non sporcasse l'auto. Era una vera macchina fabbrica-merda. Siccome aveva dei sentimenti (il polletto, non mia madre), quest'ultima decise di lasciargli spuntare la testolina azzurra fuori dalla zip della borsa, così che potesse respirare e diventasse afono durante il tragitto. Due piccioni con una fava. Chiedo scusa per il gioco di parole. Neanche noi eravamo molto comodi. I miei genitori non saranno degli animalisti, ma erano delle brave persone. Visto che ero la più piccola, io stavo accovacciata ai piedi di mio fratello, desiderando di essere un polletto.

Nel tragitto verso Zahara, prima di arrivare a Barbate, mio padre si accorse che il polletto aveva la testa a penzoloni su un lato e non reagiva ad alcuno stimolo. Lui empatizzava con gli animali più di mia madre. Lo vedeva sempre come uno di quei pulcini nella scatola di cartone.

«Lola! Lola! Il pollo! Togligli la testa da lì che soffoca!»

«Cosa faccio, Luis? Dove lo metto?»

«Fagli la respirazione bocca a bocca!»

«Ma come la respirazione...? Guarda avanti che ci ammazziamo!»

Era troppo tardi, non si poteva tornare indietro. Il caos si era impossessato di una macchina già incasinata di per sé. Noi sette fratelli rimproveravamo nostra madre urlando e scalciando, affinché tirasse fuori un defibrillatore o lo operasse a cuore aperto sul cruscotto. Mio padre rallentò, parcheggiò la macchina sul ciglio della strada, corse dal lato del passeggero, aprì la cerniera della borsa, estrasse con delicatezza il polletto e si mise a praticargli la respirazione bocca a bocca con l'eroismo di David Hasselhoff nel momento clou di un episodio di *Baywatch*.

«Dai, papà! Ce la fai! Non lasciarlo morire, papà!» urlavamo per incitare il rianimatore.

A ogni soffio d'aria che pompava, seguiva una profonda inspirazione, con conseguente commento di disapprovazione nei confronti di mia madre:

«Ma ti rendi conto, Lola... *fwwd*! Lo hai strozzato... *fwwd*! Non hai sentimenti, ma davvero... *fwwd*!».

Troppo tardi. Era morto. Calò il silenzio fino al nostro arrivo a Zahara. Costruimmo una croce con bastoncini di legno e scavammo una piccola buca nel giardino sul retro, pronti a dargli degna sepoltura nel pomeriggio. Dopo un pranzo trascorso senza proferire verbo gli uni con gli altri, raccolsi il mio piatto da tavola. Mentre gettavo nella spazzatura i quattro ceci e il pezzo di pancetta che non avevo mangiato, vidi tra i rifiuti un piccolo ciuffo azzurro.

«Il pollo! La mamma ha buttato il pollo nella spazzatura! La mamma ha buttato via il pollo!» mi misi a urlare come una pazza, rovesciando un po' del brodo che mi restava nel piatto.

Non appena il liquido cadde addosso al polletto, questo aprì gli occhi e cominciò a muovere il collo, cercando di scappare.

«Mamma, il pollo è vivo! È vivo!» dissi a tutti quanti, che accorsero ad assistere al miracolo.

Appena lo vide, mia madre affermò:

«Lo dico sempre io che il mio brodo fa resuscitare pure i morti».

Non ebbi altri contatti con la morte fino a quando non compii vent'anni. Lavoravo come assistente infermiera al Puerta del Mar. Un ospedale che sembrava già vecchio trent'anni fa, e che ancora oggi copre tutta la zona urbana di Cadice e buona parte della provincia.

Era uno dei primi giorni che lavoravo lì quando la mia collega mi disse che avremmo dovuto avvolgere nel lenzuolo funebre un uomo che era morto. Era un prete. Un prete classico, canonico, di quelli che conoscono tutto il quartiere, sempre omaggiato dai suoi parrocchiani con salsicce, formaggi e vino. Senza esagerare, pesava circa centocinquanta chili. Non si poteva dire che avesse trascorso una vita austera o francescana. Direi piuttosto che aveva vissuto da Dio, che non è proprio la stessa cosa.

La stanza dove si trovava era condivisa con un altro signore. Solo un paravento in tessuto bianco separava i due letti. Dovemmo chiedere aiuto per spostare il prete dal letto alla barella. Era impossibile per due persone sole sollevare un simile peso. Tantomeno se una di loro era così rinsecchita da potersi nascondere dietro il paravento anche se messo di traverso. Mentre attendevamo i rinforzi, il compagno di stanza ci chiese da dietro il paravento:

«È morto il parroco? Non mi dite che è morto il parroco!».

Non so se fosse perché non ero in grado di dare una notizia che, dal tono, avrebbe potuto sconvolgerlo, o semplicemente perché non avevo voglia di consolarlo, fatto sta che gli dissi una bugia.

«Ma va, ma che morto e morto, figurati» dissi mentre gli infilavamo il cotone nelle fosse nasali.

Meno male che non ci poteva vedere perché quella è la prova inconfutabile che qualcuno è morto. D'altronde lo diceva anche San Tommaso, che non ci credeva finché non ci metteva il naso.

Quando arrivò la coppia di inservienti decidemmo di prendere il prete ognuno per un'estremità e spostarlo sulla barella al tre.

Uno, due e tre. *Bam!* Ci cadde per terra. Un tonfo di magnitudo 5.3 della scala Richter.

«Questo è pesante come le prediche che diceva in chiesa, ne sono sicura» mi sfuggì.

«*Ssssh*, zitta, Paz!» mi disse la mia collega.

«Scusami. Dio ti salvi, Maria, piena di grazia...»

«Ma che fai?»

«Non lo so, prego? Ma che ne so, mi è venuto così! Se fosse stato Little Tony avrei cantato *Cuore Matto*, ma dato che è un prete...»

«Zitta!»

«Che è successo? È morto il parroco?» chiese di nuovo l'uomo del letto a fianco.

«No, no!» rispondemmo tutti.

«Siete sicuri che non sia morto?»

«Ma no!»

«E allora l'avete ammazzato voi con la botta che si è preso.»

Sollevammo quell'uomo come ci fu possibile e portammo la barella fino alla sala delle autopsie dell'ospedale, dove accompagnai il tanatopratico al suo compito di abbellire il corpo prima di tumularlo. Fu un'esperienza di forte impatto, più che disturbante. Una sensazione simile a quando, guardando un film del terrore, ti copri gli occhi con le mani davanti a una scena sgradevole, ma socchiudi le dita per sbirciarla. Tu che ti sei sempre definita una donna forte, che apprezzava le battute di tipo scatologico e parlare di volgarità, improvvisamente ti scopri fragile e spaventata alla vista di un corpo umano senza vita.

Dopo dieci minuti di puro orrore scaturito dalla freddezza con la quale quel signore preparava il corpo, mi accorsi che in effetti era proprio quello: un corpo. Capii che si trattava di un pezzo di materia inanimata, di un tronco abbattuto nel bosco, una semplice custodia che un tempo, per una serie di reazioni biochimiche, era dotata di coscienza, pensava, parlava, camminava e sognava proprio come me.

8

SO DI NON SAPERE

La morte è un argomento di vitale importanza e io, proprio come Socrate, sapevo di non saperne nulla, nulla più di quanto non ci avessero inculcato da piccoli. Era qualcosa di tetro, angosciante, triste. Innanzitutto: perché dobbiamo morire? Cosa succede quando moriamo? Qual è il senso della nostra esistenza? Nasciamo, cresciamo, alcuni di noi si riproducono, andiamo in un sacco di posti dove non vorremmo andare ma che per gentilezza visitiamo e poi moriamo. Nei grandi dilemmi filosofici, la morte ha sempre occupato una posizione privilegiata.

Nel V secolo a.C. il greco Platone, coevo di Socrate, disse di saperne qualcosina.

E affermò che la morte era il modo che l'anima aveva di liberarsi dal proprio carcere, il corpo. Dipende da quale corpo: se fosse quello di Beyoncé invece che il suo, anziché carcere lo chiamerebbe reggia.

Secondo Platone, sapere che moriremo è ciò che fa sì che la vita sia unica e irripetibile. Se gli avessero offerto l'immortalità avrebbe detto: «Bah, passo» oppure: «Ma perché?». Sarebbe stata come un'eterna adolescenza, ma senza quel desiderio sessuale compulsivo.

In questa filosofia di vita la migliore era santa Teresa d'Avila, scrittrice, filosofa e colei che ha dato il nome alla prima chiesa gotica di Spagna. Un giorno disse praticamente:

«Vivo ma in me non vivo e fino a tal punto spero che muoio perché non muoio».

Muoio perché non muoio... Che ansia con 'sta morte, per carità! Quella lì non voleva morire, voleva solo attirare l'attenzione. Se sapessi cosa si era bevuta, ora capirei quella storia dell'estasi di santa Teresa...

Aristotele, discepolo di Platone, come lui considerava che la morte fosse la separazione tra anima e corpo. Specificava, inoltre, che tutti gli essere viventi avevano un'anima, vegetali inclusi. Ne deduciamo, seguendo la logica aristotelica, che costui non mangiasse nulla e dovesse essere morto di fame.

D'altro canto, Epicuro diceva che non ci deve spaventare il pensiero della morte, perché non si convive mai con lei: quando ci siamo noi, la morte non può esserci e viceversa. Immagino che questa frase gli sia uscita giusto prima di spegnere la canna. Qui intuiamo che Epicuro mangiasse tutto ciò che invece lasciava Aristotele, dopo essersi fumato una sigaretta delle sue.

Di sicuro possiamo dire che, eccetto i quattro filosofi che davvero pretendevano di risolvere il mistero della morte (con il pensiero eh, senza sforzarsi troppo), il popolo greco non celebrò cerimonie funebri fino a diversi secoli più tardi: in parte perché, agli inizi, la loro religione politeista forniva già alcuni insegnamenti spirituali e libri sacri. Come gran parte della propria cultura, i rituali religiosi più conosciuti, i Misteri Eleusini, furono copiati dai Romani. Roma non è stata costruita in un giorno, ma poco alla volta, copiando tutto e invadendo ogni luogo. Erano un po' i cinesi di quell'epoca. Il momento più importante della festa era l'iniziazione dei partecipanti a dottrine religiose segrete, che avevano a che vedere con l'afflato della vita dopo la morte.

Il romano Cicerone diceva che filosofeggiare altro non era che prepararsi alla morte: ognuno si prepara come può, ognuno arriva alle proprie conclusioni. Cicerone non era un filosofo, né un giurista, né un politico, né uno scrittore né un oratore, era equidistante da tutto. Non si voleva immischiare con niente.

«Cicerone, cosa ne pensi della dittatura di Giulio Cesare?»

«Amico, non è il massimo, ma non è neppure il momento di riaprire vecchie ferite...»

Ciò nonostante, Tito Lucrezio sì che amava immischiarsi. Tito Lucrezio, con quel nome da cantante di liscio, disse a proposito della morte che non ci aveva fatto male prima e non ce ne avrebbe fatto dopo. E ora che ci penso, potrebbe benissimo essere il ritornello di una mazurka o di un valzer.

Il romano che finì per riassumere questa canzone in due parole fu Orazio con: *Carpe diem*, che per chi non conosce il latino significa *hakuna matata*. Ora sì che avete capito tutti e tutte. Vivi la vita, goditi il presente, vivi il momento. Più che versi di una mazurka, sembrano frasi sconnesse di un pezzo techno anni Novanta. Ancora una volta, vediamo come la storia sia ciclica, e come il declino del dominio occidentale continui a ripetersi.

La morte è stata vista in modo diverso a seconda non solo dell'epoca storica, ma anche della cultura. La morte europea non c'entra nulla con la visione sudamericana delle civiltà precolombiane, né con quella mediorientale o estremo orientale, che sarà *estremo* per qualche ragione.

Le civiltà precolombiane – Inca, Maya, Aztechi... – dato che la loro religione era principalmente devota alla guerra, offrivano sacrifici umani per ingraziarsi gli dei: il Signore e la Signora degli Inferi, Mictlantecuhtli e Mictlancihuatl, famosi per la loro insaziabile sete di sangue e perché il loro nome non ci stava nella targhetta del citofono. Si servivano di prigionieri di guerra o di schiavi, senza alcuna distinzione (qui quelli neri non avevano maggiori chance di finire sulla sedia elettrica, come negli Stati Uniti). Anche se si crede che ci fossero dei volontari, non era semplicemente un atto di crudeltà, dal momento che si pensava che la vittima si sarebbe unita alle divinità; qualcosa di buono ci doveva pur essere. Quelli che morivano in maniera diversa venivano ricoperti con drappi, granturco e acqua per il loro viaggio verso l'aldilà prima di essere bruciati o sotterrati. Il sacerdote si avvicinava prima di accendere il fuoco e dava loro un ultimo consiglio, tipo: «Portati un maglioncino, che lì la sera rinfresca». Era lo stesso sacerdote incaricato dei sacrifici ai piedi delle piramidi.

Anche se non sappiamo come, a migliaia di chilometri di distanza, nell'antico Egitto, anche le piramidi erano state costruite a scopo funerario. In quel caso, gli unici esseri umani sacrificati erano gli schiavi che le costruivano. Le piramidi in Egitto erano delle vere e proprie tombe, costruite per i faraoni o per individui con un potere economico sufficiente da coprire le spese necessarie per costruzioni del genere. Avevano molti corridoi e dispositivi per prevenire il saccheggio della camera principale. Nei sarcofagi, ricoperti da geroglifici, si inseriva la bara e al suo interno il corpo di colui che sperava di vincere la morte e vivere nell'aldilà. Per conservare il corpo del defunto, si usava la tecnica dell'imbalsamazione conosciuta come mummificazione. Se non eri riconoscibile infatti, correvi il rischio di non essere ammesso nell'aldilà. Per i più giovani, era come un buttafuori in discoteca che non vi lascia passare solo perché non assomigliate alla foto della vostra carta di identità e pensa che siate minorenni con un documento falso.

Si trattava di un'imbalsamazione così specifica che ancora oggi non si conoscono con esattezza tutti i prodotti e le tecniche impiegate. Le mummie venivano sepolte nelle piramidi insieme a un corredo di oggetti di valore che avevano posseduto in vita, affinché potessero portarli con sé. Fuori dalla bara venivano lasciati i cosiddetti vasi canopi, con gli organi del defunto all'interno. Sembra proprio che in quella discoteca non ti lasciassero entrare neanche con le bevande che ti eri portato da casa. A volte, sia in Egitto sia in Cina, insieme ai padroni venivano sotterrati anche gli schiavi, in caso avessero avuto bisogno dei loro servizi anche nella vita successiva. "Finché morte non vi separi", mi dispiace.

In Cina, senza andare troppo lontano, vabbè, a circa novemila chilometri da dove mi trovo ora, veniva data grande importanza alle cerimonie funebri. Visto che sono ordinati in tutto, la sua popolazione possedeva (e conserva ancora) alcuni documenti che spiegavano cosa fare prima e dopo la propria morte. Quando una persona si trova vicina alla morte, è usanza spostarla fuori di casa, per evitare che gli spiriti si approfittino del corpo e possa andarsene in pace. Insomma non bisogna aspettare anni per trasformare la stanza del nonno in un ripostiglio... Ci vuole poco, gli si toglie il cuscino e lo si lancia sul tetto di casa. Senza offesa, ma così il tetto delle residenze per anziani sembrerebbe la fabbrica di Ikea.

Una volta morto, alla camera ardente si riuniscono i familiari in base al proprio ruolo all'interno della famiglia, e per chi arriva tardi scatta la tortura cinese, deve percorrere la sala in ginocchio. Quel giorno nessuno può vestirsi di rosso, perché il rosso rappresenta l'allegria e ciò potrebbe trasformare il defunto in un fantasma. Qui io non dico niente, sono la prima a non volersi mai vestire di giallo sul palco perché non si sa mai (in Spagna, diversamente dall'Italia dove è il viola, è il colore giallo a portare sfortuna se indossato sul palcoscenico o in video, *N.d.T.*). Una volta lì, si gioca tutti d'azzardo. Mi immagino i dialoghi tra madre e figlio:

«Figliolo, il nonno è morto».

«Davvero? Punto tutto sui dispari!»

Una volta conclusa la cerimonia si sigilla la bara (non si sa mai) e si va in processione affiancando il feretro fino al cimitero, che si trova sempre alle pendici di una montagna per migliorare il *feng shui*. Si crede che dopo sette giorni lo spirito torni a fare visita ai membri della famiglia, pertanto è tradizione posizionare una riga di farina o di talco sull'uscio di casa. Se all'indomani è rimasta intatta, vuol dire che non è entrato; se invece si è sparsa, vuol dire che è entrato nella dimora; se non c'è più niente, vuol dire che è passato lo spirito di Amy Winehouse e se l'è sniffata.

La paura della morte è sempre stata una costante nella storia della maggior parte delle culture.

Che si tratti di asiatici, europei o sudamericani, la morte è sempre accompagnata da simboli e tradizioni profondamente tristi. In Grecia antica e a Roma la si raffigurava con il simbolo di una fiaccola spenta, nel buio totale. Secoli dopo, il cristianesimo l'avrebbe simboleggiata con una falce. E da quando l'uomo è apparso sulla

Terra, la natura della morte si è intersecata direttamente con le credenze religiose, a proposito dell'esistenza di una vita oltre la stessa.

Sia il cristianesimo sia l'Islam sono soliti trattare la morte come una separazione del corpo dall'anima. La fine della vita fisica, ma non dell'esistenza. Nell'ebraismo, riceveremo la nostra vera ricompensa in un prossimo futuro: la risurrezione dei morti. L'anima proviene dall'essenza più intima di Dio. È composta da tre parti, come una torta ai tre cioccolati, e dopo la morte non ha pace per i primi dodici mesi, mentre osserva il proprio corpo decomporsi nel giro di un anno.

Nel cristianesimo, l'anima sono i nostri sentimenti e pensieri. Le anime non ci vengono a fare visita, ma anzi scappano quando muore il corpo per essere sottoposte a giudizio. Se hanno vissuto in linea con i precetti di Dio allora ascenderanno al cielo, altrimenti dovranno andare all'inferno. Cioè, è più difficile accedere al Regno dei Cieli che superare il concorso per diventare magistrato. Il resto lo sapete già, l'inferno è dove si trova il demonio e dove si soffre il castigo eterno per la vita peccaminosa che si è vissuta. E il paradiso è quell'immensità celeste con le nuvole, ma con tanto sole, da qualche parte tra la stratosfera e la troposfera, ci si arriva con una scala mobile come quella della Rinascente, ma dorata. Nella religione cristiana è importante il modo in cui hai vissuto, non come sei morto: invece per ebrei e musulmani importa eccome. Per i primi, se è stata una morte improvvisa l'anima starà vagando fuori dal corpo più a lungo;

per i musulmani, a seconda di come sei morto andrai o no in paradiso, nel giardino o all'inferno. Un paradiso speciale è riservato a coloro che hanno dato la loro vita per Allah combattendo il jihad, la guerra santa. Se sei maschio, verrai omaggiato con settantadue vergini. In caso contrario, se sei donna riceverai solamente un uomo, ma con tutte le qualità fisiche possibili. Cosa volete che vi dica, io preferisco che un tipo sia figo piutto sto che settantadue giovani vergini immaturi con i brufoli, insicurezze e la vocina stridula.

Antonio e io amavamo la serie tv *Vikings*, lo chiamavo sempre *il mio vichingo* e gli dicevo, per scherzo, che i suoi baci mi facevano arrivare al Valhalla, il paradiso della mitologia nordica. *Valhalla* è un nome che può suonare bene e sembrare un posto esotico, ma doveva essere una gran rottura. Quando feci alcune ricerche in merito per fantasticare un po', scoprii che era un salone molto grande dove si riunivano i migliori guerrieri che erano morti in battaglia; ma non per bere vino o scopare, bensì per continuare a prepararsi alla resa dei conti finale. Immaginiamoli, tutti quei vichinghi muscolosi e sudati, mentre fanno pesi... Ecco, mi piacerebbe andarci, ma magari per lavorare nel catering del Valhalla, per quando uno di loro vuole riposarsi un attimo.

In Spagna, la religione cattolica, la più praticata da quando Isabella e Fernando hanno concluso la *Reconquista*, è stata alla base del nostro rapporto con la morte nei secoli dei secoli. Amen. Il rapporto si basava sulla paura di non ottenere la salvezza divina e la morte era rappresentata con il colore nero, il silenzio, il pianto e la tristezza autoinflitta. Come se una perdita non fosse già triste di suo!

Questo avviene anche nelle festività del 1° novembre, nel giorno dei Morti, Ognissanti nel nostro paese. Che roba noiosa. Con la sola eccezione di Cadice, dove nella piazza del mercato, durante la festa di Ognissanti, i commercianti inscenano parodie satiriche con i prodotti dei propri negozi. Si possono vedere un Pablo Iglesias e un Pedro Sánchez con una testa di pesce o una coda di cavallo, oppure la formazione della squadra di calcio di Cadice con i corpi fatti di zucchine.

Nel resto della Spagna si praticano attività divertentissime come la Castanyada in Catalogna, che consiste nel mangiare caldarroste; il Gaztañarre Eguna, dove i familiari si riuniscono per mangiare insieme, e non possono mancare la caldarroste; oppure ancora la Noche de los Finaos, alle Canarie, dove i membri della famiglia si riuniscono per raccontare aneddoti sui parenti defunti e, ovviamente, per mangiare caldarroste.

Leggendo a proposito dei festeggiamenti del giorno dei Morti, mi ha sorpreso il modo così diverso che ha il Messico di concepire questa celebrazione. Sì, una vera e propria celebrazione della morte, un ricordo allegro dei propri cari. I cimiteri si riempiono di famiglie che portano da mangiare, da bere e attrezzature per ascoltare la musica al fine di trascorrere la giornata o le giornate di festa. Nelle case si dispongono altari con fotografie dei propri defunti e davanti a esse vengono poste le pietanze che amavano mangiare o le bevande che amavano bere e dei piccoli teschi decorati, oltre a fogli con scritti i versi che hanno a che fare con la morte, dedicati al defunto.

Se cerchiamo altri esempi della morte vissuta come celebrazione, c'è anche la regione di Tana Toraja in Indonesia, dove si preparano i defunti alla morte come fosse un viaggio che devono intraprendere, e il giorno del loro funerale si fa festa in tutta la città. Si cucina carne di manzo alla brace per offrire cibo gratis, i vicini portano regali alla famiglia del morto e il culmine è il giorno del Ma'Neme: una cerimonia che consiste nel prelevare i defunti dalle loro tombe ogni tre anni, per pulirli, cambiare loro i vestiti e passeggiare con loro in paese.

Ma il Ghana, nella costa occidentale africana, vince il premio in quanto a festeggiamenti per la morte di qualcuno. Lì, si possono addirittura spendere più soldi per un funerale che per un matrimonio. Sono eventi sociali che si annunciano perfino nei cartelloni pubblicitari sul ciglio della strada, ai quali partecipano centinaia di invitati. Maggiore è il numero di partecipanti, più era amata la persona defunta. Questa ritualità del lutto come una festa con cibo, bevande, musica, ballo e colore sembra aiutare psicologicamente i familiari ad alleviare il dolore della perdita. La decorazione della bara è molto vistosa, con fantasie che ricordano la persona defunta: se era un pilota, allora avrà la forma di un aereo; se era un pescatore, sarà a forma di pesce; se era un attore porno, a forma di dvd.

Ricordo quando andai in Benin, il paese del voodoo, e andai a... Merda, quella bambola.

9

MZUNGU

«Pronto, parlo con Paz Padilla?»

«In persona. Chi parla?»

«Ciao, Paz! Sono Jesús Calleja (esploratore e divulgatore culturale famosissimo in Spagna, *N.d.T.*). Stiamo realizzando un reportage per *Planeta Calleja* (programma televisivo dedicato ai viaggi a cui partecipano ospiti famosi, *N.d.T.*) in Benin, in Africa, e ti chiamavo per chiederti se ti piacerebbe venire con noi come ospite.»

«Ma che figata, Jesús! Solo una domanda, può venire anche il mio compagno?»

«Ma certo, ci mancherebbe.»

«E allora sono già lì!»

Quanto mi ci volle per convincerlo! Antonio pose solo due condizioni: non essere inquadrato dalle telecamere per non comparire sullo schermo in nessun momento, e che non lo prendessi in giro.

«Paz, per quanto tu possa amarmi io ho paura dei viaggi di questo tipo e sono a disagio, smettila di prendermi in giro per favore» mi pregava.

«Ma no, Antonio, sarà un viaggio da innamorati. Nessuna presa in giro, promesso. Parola di lupetto.»

Volevo che vedesse con i suoi occhi quanto vario fosse il mondo, e quanto siamo fortunati a vivere come viviamo. Quella era proprio una gita in grande stile. Da Cadice, culla dell'arte e della buona cucina, al Benin, patria del voodoo. Uno dei paesi con meno risorse di tutta l'Africa. Il Benin. Lì sì che si mangia poco e male! Se abbiamo patito la fame noi che avevamo soldi... La nostra dieta consisteva in riso come primo piatto, riso come contorno e pure come dessert, e se avessimo avuto il caffè lo avremmo bevuto corretto riso.

Un giorno Jesús ci disse:

«Dicono che oggi si mangia pollo».

E ci siamo alzati come se avesse segnato la nostra squadra mettendoci a cantare: «Pollo! Pollo! Sì! *Pooo po po po po poooollo*! I campioni del mondo!». E quando ce lo servirono, era come una medaglia d'oro in sollevamento pesi. Mamma mia se era dura quella carne! Sembrava ci avessero dato da mangiare pietre. Era come se il cuoco facesse il dentista il pomeriggio e volesse farci cadere due o tre denti a testa. Finimmo per succhiarlo come se fosse un lecca lecca, perché non riuscivamo nemmeno a dargli un morso.

Ventitré piatti di riso dopo, cioè qualche giorno dopo,

Calleja ci tranquillizzò dicendoci che era previsto un banchetto presso il palazzo reale con nientemeno che il re del Benin, quando lui ne avrebbe avuto voglia. Mi ricordai di quando mia mamma diceva a me e ai miei fratelli:

«Non mangiate, perché poi andiamo a una comunione e ci sfondiamo lì».

Di conseguenza facevamo razzia di sandwich come Attila l'Unno, e mia madre evitava di preparare due pasti per sette figli. Se usiamo l'unità di misura del Benin, sarebbero una decina di piatti di riso.

Se leggendo queste pagine state pensando a un palazzo decorato fino all'ultimo millimetro come quello di Versailles o anche un pelo più discreto come quello della Zarzuela, vi invito a cercare su Google "immagine palazzo reale Abomey". Oltre a essere un patrimonio dell'umanità, è un complesso di edifici vecchio trecento anni, costruito con mura in argilla rossa, l'unico materiale che si vede per chilometri e tetti in eternit. Gli edifici si affacciano tutti su un cortile centrale anch'esso in argilla rossa e con qualche alberello qua e là. Fine. In quel palazzo particolare ci accompagnò in veste di ambasciatore, così come in altri momenti del nostro viaggio, l'affascinante principe del Benin, che anche se suona simile, non c'entra niente con quello interpretato da Will Smith.

«*Laaaaaa zzmegnaaa babaghizzi babà*» si sentiva urlare da lontano nel patio centrale, come uno che vende granchi, gamberi e gamberetti.

Non erano sicuramente quelle parole, ma l'intro del *Cerchio della vita* del Re Leone è l'unica cosa che mi viene in mente da scrivere per raccontare le mie impressioni nel modo più fedele possibile. Tutto questo senza alcun tipo di razzismo, con il più profondo rispetto per il popolo ospitale del Benin e la sua cultura millenaria, che è un po' quello che si dice quando non siamo del tutto sicuri di aver fatto una gaffe o meno. Di solito sì, da lì nasce in effetti il dubbio, ma stemperiamo immediatamente la tensione con quella frase. Se davanti alla frase offensiva in questione ci mettiamo un "con tutto il rispetto" o un "senza l'intenzione di offendere", questo ci libera da qualsiasi responsabilità della sciocchezza che stiamo per dire. Perciò, senza l'intenzione di offendere, tra la polvere dell'argilla e il caldo, quel posto era un inferno, con tutto il rispetto. Dietro quell'urlo che non so riprodurre in alcun modo senza che risulti vagamente razzista, comparve un gruppo di donne vestite con gonne, braccialetti e collane con frange colorate, danzando al ritmo di decine di tamburi una stupenda coreografia di benvenuto.

Dopo il ballo, scandito da tamburi, urla e applausi, seguì un nuovo scrosciare di tamburi, urla e applausi. È gente che ama i balli e i tamburi, ma questo era diverso. Era cominciato l'impressionante rito voodoo.

Tum tucutucutum tucutucutum...

Ok, la smetto di riprodurre suoni, descriverò la sensazione generale che percepii. L'allegria, i sorrisi e i colori cedettero il passo alla serietà e alla solennità. Fu come passare dal carnevale alla Settimana santa in cinque minuti. Decine di donne ballavano con il volto dipinto di bianco, dei culi enormi con gonne piumate, maschere realizzate con il cranio di mucche e antilopi, un gran numero di ossa, zanne e corna come accessori. Bello e impressionante allo stesso tempo. Non so cosa passò per la testa di Jesús appena vide quella scena, perché immediatamente mi disse:

«Che non ti venga in mente di ridere di loro. Paz, resta qui con me, perché il re potrebbe offendersi».

«Mi dispiace, Jesús, non riesco a trattenermi.»

E chiedemmo al traduttore che dicesse “con tutto il rispetto” nella sua lingua.

Erano troppe persone che ballavano in costume perché io potessi restare ferma. Mi avvicinai correndo a un gruppo di ballerine-sacerdotesse per sfidarle a chi faceva meglio *twerking*. Si aggiunse anche Antonio, il quale vinse battendoci tutte. Scherzo, però non mi dite che non sarebbe stato un bel colpo di scena per il libro. Non è vero nemmeno che Antonio si era messo nella cerchia a ballare, ma è vero invece che le sacerdotesse si ammazzarono dalle risate perché non avevano mai visto ballare così un *mzungu* (persona di origine europea in lingua bantu).

Più che del mio *waka waka* si innamorarono delle mie tette. Tutte le contemplavano stupefatte, domandandosi come potessero fluttuare in aria senza che la gravità esercitasse il suo effetto. Il silicone era proprio una magia nera per loro che, con tutto il rispetto, le avevano penzoloni come due calzini pieni di sabbia.

La capa delle ballerine me le schiacciava più della macchina per fare le mammografie, per tentare di capire ciò che vedevano i suoi occhi.

«Basta così, o me le spingerai fino a farmele spuntare sulla schiena come le gobbe di un cammello!» dovetti dirle.

Con la scusa della curiosità aveva esagerato. Tra quello e il fatto che si salutassero con due baci sulle guance e uno in bocca, mi mancavano altre due cerimonie perché mi portasse in camporella o dove ti portano lì per fare certe cose.

E mentre una ballerina con il culo grande come due angurie portava via la sua ragazza, Antonio era più preoccupato per le potenziali malattie contagiose che avremmo potuto contrarre per mancanza di igiene, cospargendomi di gel disinfettante a ogni cosa che toccavo. Che lungimiranza!

Ci portarono dentro alcune sale spartane per farci indossare vestiti adeguati al nostro incontro con il re. Collane colorate, tunica con stampa etnica rosa shocking e verde lime e turbante in tinta con ciò che avanzava del tessuto. Lì non si butta via niente, la famiglia intera si veste con gli stessi tessuti finché si può, e se avanza lo si recupera per una tovaglia o delle tende.

Il principe, Romeo, che più che una guida lo ricordiamo come un amico, ci spiegò il protocollo adeguato per salutare sua maestà mentre ci accompagnava verso la sala, lungo quei poco e male illuminati corridoi. E quando vedemmo il re sul trono, Jesús mi dovette dare una gomitata di nascosto perché mi era già scappato un:

«Uh, il re...».

Era un mix tra Eddie Murphy in *Il Principe cerca moglie* e uno dei Re Magi pacchiano di ritorno da una cavalcata in paese. La corona sembrava letteralmente un ciambellone, ma d'oro massiccio e spesso due dita. Quello che risparmiava in tende evidentemente lo investiva al Compro Oro. Non ricordo se avesse pietre incastonate, ma di sicuro la testa con quella corona doveva pesare così tanto che probabilmente era incassata nel corpo. Oltretutto, tra la sua tunica di velluto spesso tipo tenda del teatro e i cinquanta gradi che c'erano, a poco a poco la corona gli si incastrava ancora di più a causa delle gocce di sudore che lubrificavano la sua pelata reale. Quello sì che era sopportare il peso della corona, mica quello che fanno i Borboni. Be', a parte Sofía, povera, che oltre a sopportare il peso della corona deve sopportare quello di due cose che le spuntano dalla testa.

Al suo cospetto, quattro donne pregavano in ginocchio, chinandosi e poi alzandosi e di nuovo chinandosi e alzandosi, con una mano portata davanti alla bocca nel gesto tipico del colpo di tosse. Dovevamo salutare il re. Dovevamo parlare al principe, che conosceva la nostra lingua, perché traducesse il messaggio al segretario e quest'ultimo lo consegnasse al re.

«Adesso dobbiamo comunicare al principe, che farà da traduttore per il segretario del re, che veniamo dalla Spagna, con rispetto per le sue tradizioni e tutto ciò che rappresentano...» mi disse Jesús.

«Ok, ok, allora gli diciamo che quelle quattro sembra gli stiano facendo un pompino o questo meglio di no?»

«Paz, ti prego. Siamo qui in qualità di ambasciatori dal nostro paese, la Spagna, e gli portiamo in dono queste bottiglie di whisky con le nostre migliori intenzioni» disse rivolto al re.

«Mmm...» ci guardò con disapprovazione, il che stava a significare "bella merda".

«*Asumbu kajutumbu tzungo kalumba*» diceva il principe al traduttore, e lui a sua volta a sua maestà.

Il monarca restava lì fermo, imperterrito, sudando come un pollo arrosto.

Dopo alcuni secondi di silenzio, il segretario annunciò al principe:

«*Bunga mobingui zantu mumuganbi*».

«Mio padre dice che è molto felice della vostra presenza, che è un onore e un piacere che siate venuti da così lontano per potervi accogliere.»

«Come glielo ha detto? Telepaticamente?» mi chiese Jesús.

Lo interpretai come un via libera per prenderlo in giro.

«Siamo davvero grati per la sua accoglienza, sua maestà. Siamo venuti per imparare la vostra cultura e condividere esperienze, amicizia e conoscenza.»

Ci fu di nuovo la catena di traduzioni, senza che il re desse alcun tipo di risposta né verbale né fisica, fino a quando il principe non ci disse:

«Mio padre dice che potete toccarlo».
«Toccalo, Paz» disse Jesús.
«Ma cosa dici, toccalo tu.»
«Io? Toccalo tu, che sei l'ospite. Toccagli quel bel visino...»
«Ma no, ma hai visto quanto suda quella creatura?»
«Va bene, accarezzagli la spalla o qualcos'altro.»
«Come fosse un gatto?»
«Sì, boh, ma che ne so.»
Cominciai a toccarlo con cura fino a quando non arrivai su, gli toccai il viso e cominciai a dargli dei bacetti sulla guancia sudata, mentre il re emetteva suoni gutturali e qualche sorriso. Lo feci impazzire, altro che protocollo.
«Paz, per favore smettila, vai a capire come lo interpretano quelli» mi diceva Jesús ostentando una calma apparente.
«Ma guarda come gli piace! Mmm, che carino. Cosa? Ti piace? Ti faccio una sega? Vuoi che ti faccia una sega, mio re?» gli dissi.
«Paz, ci sequestrano, ci mettono in carcere o chissà cosa!»

Ci trasferirono nella sala dove si sarebbe svolto il banchetto, apparecchiata in stile cena sociale con tanto di posate e piatti di plastica. Una volta seduti, qualcuno urlò qualcosa, si aprirono le porte e cominciò a entrare un gruppo di persone come un banco di pesci. E ancora, e ancora. Sembrava non finissero mai, tutti a mangiare dal pentolone. In effetti il numero di persone che mangiano grazie alla politica o alle connessioni alla corona è di solito un indicatore per stabilire il grado di decadenza di un paese.

All'improvviso, un altro urlo ed entrarono delle donne del personale di servizio con dei vassoi colmi di maialini arrosto. Quasi ci mettemmo a piangere. Per un attimo non provai neanche un briciolo di pena al pensare di mangiare Babe, il maialino coraggioso. Ma quale Babe e Babe: noi avevamo l'acquolina in bocca alla sola vista. Ci diedero un coltello perché lo tagliassimo in maniera onorevole. Scherzammo per qualche istante, facendo un po' come gli sposi fanno con la torta nuziale, e quando affondammo il coltello questo si sgonfiò come un palloncino. Era vuoto, c'era solo la pelle! E sapete cosa c'era al suo interno? Riso!

Ovviamente, appena lo tagliammo ci tolsero il piatto per poter mangiare loro, quei trecento che erano seduti con noi. Che fame avranno avuto. Quei trecento per un maialino avrebbero vinto la battaglia delle Termopili in un quarto d'ora. Ci lasciarono giusto un boccone ciascuno, e ci obbligarono a mangiare bevendo whisky. Ora, io a malapena bevo e certamente non il whisky. Finii per ballare ancora con la capa delle ballerine-sacerdotesse e notai anche che non aveva i denti. Invitai Antonio a ballare con lei, naturalmente senza che lui sapesse nulla. Nel pieno delle danze, più per effetto dell'alcol che per la possessione da parte di qualche divinità, gli diede due baci sulle guance e l'ultimo sulla bocca. Quando lei gli sorrise, lui quasi ebbe un infarto.

«Il gel disinfettante, per favore! Il gel, Paz, che sto per morire, stronza! Morirò qui!»

Dopo quell'abbuffata ci portarono in un tempio con migliaia di anni di storia, dove si praticavano riti voodoo. Prima di accedervi, accompagnammo una famiglia a praticare un rituale voodoo che, casomai avessimo avuto ancora fame, era cominciato con le offerte agli dei e con il sacrificio di una gallina dal vivo. Agli dei sì, agli dei offriamo galline, ma a noi invece solo riso.

Benché durante l'intervista ci avessero detto che il voodoo non era nato con l'idea di arrecare danni ma anzi quella di portare pace, me la facevo sotto lo stesso. Come tutto ciò che si fa lì, il rituale fu preceduto da un ballo accompagnato dal suono di percussioni. Sono sicura che quando devono consegnare dei documenti in Comune ci vanno ballando e suonando tamburi.

A un certo punto arrivarono alcuni grossi covoni di fieno alti due metri che, immaginavamo, si muovevano da un lato all'altro della sala perché c'era qualcuno al loro interno. Cosparsero con il sangue della gallina uno dei covoni, che cominciò a scappare terrorizzato, in un crescendo di suono di tamburi. Quando si fermò, mossero il fieno fino a dissipare il covone e dal suo interno spuntò un pitone di due metri. Vi giuro che non c'era nessuno dentro. Da farsela addosso. Cercavamo di dare una spiegazione logica a ciò che stavamo vedendo, ma non ce l'aveva. Alcuni oracoli entravano in una specie di trance dopo aver assunto vai a sapere quale sostanza; ma qualsiasi cosa fosse doveva essere per forza pura e di qualità.

Calleja notò la mia faccia terrorizzata al vedere un uomo sul pavimento con le convulsioni e mi rassicurò:

«Stanno solo mettendo in scena una storia, è un'opera teatrale» disse.

Cercando di alleviare la tensione, imitai l'interprete rivoltandomi sul pavimento come lui. Lo scherzo finì quando fu portato via da sei persone. Mi disse Calleja che si trattava di un attacco epilettico.

Lasciarono passare solo me fino all'interno più profondo del tempio, pertanto mi diedero una telecamera per entrare. L'interno me lo ricordo come piuttosto buio, illuminato da candele, decorato da teste umane, mani, candele, sangue, piume, ossa... Il paradiso di Iker Jimenez (giornalista e conduttore tv spagnolo specializzato nei misteri dell'occulto, *N.d.T.*). Tremavo a ogni passo, spaventata come ero. Non dico che non sia vero che il voodoo serva per trovare soluzioni ai problemi e non per il male, ma come metodo per risolvere i conflitti sinceramente preferisco andare dallo psicologo, perché anche se poi mi scoppia la testa almeno però non mi finisce conficcata in un palo. Alla peggio ti tirano un pizzicotto quando te ne devi andare. In sostanza, i documentari sull'Africa ti invitano a fare la pennichella se li guardi sul divano, con l'aria condizionata a 22°. Se li vivi in prima persona come abbiamo fatto noi, non dormirai mai più in vita tua.

È curioso che a noi *mzungu* spaventi il voodoo, perché lo associamo al concetto di morte per la sua simbologia simile a quella che usiamo qui per descrivere l'inferno, o perché ci ricorda una tenebrosa setta satanica assassina.

Lì il concetto di morte, nonostante l'evidente aspetto tragico della perdita, si vive con particolare naturalezza. Sotterrano i propri cari nel giardino sul retro di casa, o addirittura nella stessa stanza dove dormiva il defunto. È un modo per sentirlo ancora presente.

Durante il viaggio, una madre disse al figlio piccolo di andare a giocare con il nonno per poter parlare in tranquillità con noi. Si riferiva alla stanza dove era sotterrato il nonno, dove era scontato che il suo spirito vivesse ancora lì.

Tutti sono sicuri dell'efficacia totale del voodoo, e quindi è naturale che tutti siano terrorizzati. Efficacia *totale*, voglio dire, quella non ce l'hanno manco i preservativi che sono al 99,9 per cento. Più che la bambola o altri elementi in sé che vengono usati, che si considerano maledetti una volta terminato il rituale, temono l'ira degli dei che ascoltano le richieste invocate. Sembrerebbe che se non viene fatto bene o non si compiono le loro volontà, è meglio non farti trovare. Si vede che gli dei hanno un qualche disturbo della personalità in tutte le religioni. A volte, anche quando sono di buonumore, si infuriano per un nonnulla e provocano un cataclisma.

Come avrete capito, sebbene me lo avessero sconsigliato tutti, da Jesús Calleja fino al re del Benin, portai con me come ricordo una bambola voodoo. Là ci sono tanti negozi di souvenir quanti supermercati. Credo sia superfluo specificare che la bambola era stata utilizzata precedentemente nel rituale reale di qualche famiglia.

La misi in bella vista in soggiorno solo un paio di giorni. Giusto il tempo perché Resty, la collaboratrice domestica di origini africane che veniva a casa, mi dicesse chiaramente che o se ne andava la bambola o se ne andava lei. Diceva che la bambola si muoveva da sola ed emetteva dei rumori. Mi dispiace un po' ricordarlo, perché l'artefice di quei rumori ero io, che ho sempre delle pessime idee, e dalla stanza a fianco facevo partire la stampante per spaventarla. La gente ha un sacco di superstizioni assurde. Non si accorge neppure che nello stesso posto ho anche una mano di Fatima del Marocco, un occhio turco contro il malocchio, un Ganesha dall'India, un pendente con un talismano cinese, una croce di Caravaca e la Madonna del Rosario, così, per controbilanciare.

10

TARZAN

«Bisogna gettare del sale nei quattro angoli del letto» mi spiegava Resty mentre andava in dispensa per prendere un pacco di sale grosso.

Non avrebbe accettato un no come risposta. Era ciò che serviva per neutralizzare l'effetto della bambola voodoo e fare in modo che tutto andasse a finire bene. Io ero tornata a casa per farmi una doccia e prendere un paio di cose prima di tornare in ospedale. Ero confusa, letteralmente nauseata, e c'è da dire che almeno era un trattamento meno costoso di quelli che mi venivano proposti in clinica. Non è che improvvisamente dessi la colpa della malattia di Antonio alla bambola, come Resty, e nemmeno avevo una fede cieca nella magia nera africana, ma pensavo che tutto sommato non ci fosse nulla di male a buttare quattro pugni di sale ai piedi del letto. Al massimo avrei solo dovuto passare l'aspirapolvere.

Io sono quel tipo di persona che dice di non essere superstiziosa, ma se può evitare di passare sotto una scala lo evita. Nei momenti di disperazione ci aggrappiamo a qualunque cosa. Se mi dicessero che quello di cui ho bisogno sono tre rocce lunari, busserei alla porta della NASA per chiederle, come quando si va a chiedere una tazza di zucchero ai vicini.

Antonio venne operato due giorni dopo la diagnosi di tumore. Secondo quanto mi spiegò il team di neurochirurgia, una volta eliminato dal suo corpo qualsiasi residuo della terapia corticosteroidea ricevuta d'urgenza, si sarebbe dovuto recare in sala operatoria quanto prima.

Dopo alcune ore in sala operatoria, durante le quali ero quasi rimasta senza unghie o rischiavo di essere ricoverata nel reparto attiguo per esaurimento nervoso, il chirurgo ci disse che l'operazione era stata un grande successo. Non poteva sbagliarsi. Uscito dall'intervento, Antonio pronunciava frasi sconnesse, e avrei saputo più tardi che chiedeva come stesse sua madre, sua figlia e se avrebbe dovuto fare la chemioterapia e la radioterapia. Vederlo così confuso, pieno di bende, flebo e tubi fu uno dei momenti più duri di tutta quella situazione.

Dopo la convalescenza e un periodo di riabilitazione più breve di quanto tutti noi ci aspettassimo, mio marito aveva recuperato totalmente le funzioni cognitive e motorie. Avevamo davanti a noi mesi di sessioni di chemioterapia e radioterapia.

I primi giorni, mentre ero in ospedale con Antonio, credevo di poterlo accompagnare nella sua malattia senza avere certezze, alla cieca. Avete presente quel momento nel quale ti metti a dare colpetti alle angurie perché lo hai visto fare agli altri (per un motivo che ignori) e alla fine ne prendi una a caso, fingendo di aver scelto quella giusta? Ecco, io mi sentivo così, non avevo la minima idea di come avrei dovuto iniziare le cure domiciliari di un malato di cancro.

L'équipe medica, di fronte alle mie incessanti domande, mi rassicurò spiegandomi l'importanza di alcune sane abitudini da mantenere durante la terapia oncologica, insistendo specialmente nell'attenzione all'alimentazione e nell'attività fisica nei limiti delle possibilità del paziente. In realtà il peggior consiglio per una persona malata di tumore è quello di starsene tutto il giorno spostandosi solo dal letto al divano e dal divano al letto cercando di non entrare in contatto nemmeno con un acaro della polvere. Uno stile di vita sedentario è dannoso perché causa perdita di massa muscolare, invece praticare sport aiuta anche ad alleviare i possibili effetti collaterali dei farmaci.

Alejandro Lucía è dottore in Medicina, professore di Fisiologia umana dello sport all'Università europea di Madrid nonché Premio nazionale di ricerca in medicina dello sport nel 2016. Secondo lui, "fare attività fisica durante la terapia attenua gli effetti secondari della stessa e pure del tumore stesso, come la stanchezza, la sensazione di debolezza, la perdita di massa muscolare o dello stato d'animo". Parla anche di incremento della produzione di cellule *natural killer*

(NK), incaricate di eliminare quelle cancerogene. Certo, chiede però anche di avere "prudenza" perché le ricerche sono ancora in corso. Sembrerebbe che la capacità di resistenza di una persona alla chemioterapia sia direttamente proporzionale alla sua quantità di massa muscolare.

Antonio sembrava un toro, era in piena forma, e questo fu utile perché dopo l'intervento avesse delle analisi nei parametri di normalità secondo quanto avevano detto la sua dottoressa di base e gli specialisti.

Con l'attività fisica, grazie al rilascio di endorfine, oltre a non sentirsi abbattuto emotivamente riposava meglio e alleviava il dolore per via del suo effetto analgesico, cosa fondamentale per sopportare le botte di chemioterapia che poverino si stava prendendo. Fece ginnastica fino all'ultimo giorno in cui poté.

La cosa più importante è sempre creare l'abitudine. È vero, questo primo passo noi l'avevamo già fatto. Praticavamo molto sport già da diversi anni, come mai avevamo fatto in vita nostra. Io mi ero comprata una cyclette quando andava di moda e la vendevano su un canale di televendite e l'avevo usata due volte; il terzo giorno era già diventata un elemento di arredo della stanza. In effetti era un attaccapanni utilissimo dove appendere i vestiti prima di andare a letto.

La specialista della AECC (Associazione spagnola contro il cancro) Soraya Casla ricorda che l'esercizio fisico che deve svolgere ogni paziente ha bisogno di essere pensato su misura ed è diverso secondo il tipo di cancro che si ha, la sua gravità, come l'organismo sta rispondendo, se ha subito un intervento...

Mia madre chiamava Antonio *Tarzan* quando lo vedeva arrivare dalla spiaggia di Zahara de los Atunes dove era andato a nuotare, perciò immaginate quale fosse il suo aspetto fisico: un armadio in mogano tre metri per due con tanto di maniglie d'oro. In palestra era iscritto a tutti i corsi possibili e immaginabili: *bodypump, body balance, body fitness, bodycombat, aquafit, ciclo indoor, cardiobox, core, GAP, functional training, elevate, animal flow*. Roba che io, quando l'istruttrice mi chiese a quale corso volessi iscrivermi, prima mi iscrissi a un corso di inglese per capire di cosa stesse parlando.

Se non avete mai fatto sport in vita vostra, direi che non è il momento di cominciare con il *crossfit*. Per chi non sapesse di cosa si tratta, il *crossfit* consiste nello svolgere ogni tipo di esercizio ad alta intensità con il tuo proprio peso e carichi esterni. Sei lì che sali e scendi degli scalini, e improvvisamente devi sollevare un camion, oggetti pesanti in ferro... È come fare un trasloco, però in più paghi per farlo. Un vero massacro. Ora che so dire qualcosa in inglese, posso spiegarvi cos'è il *crossfit* traducendo il termine: *cross* significa "campo" e *fit* "massacrante".

Un altro aspetto delle nostre vite che decidemmo di modificare era quello dell'alimentazione. In queste pagine non vi parlerò di una miracolosa dieta specifica, mi dispiace. Quella delle diete anticancro è una bufala totale. *Dieta* e *anticancro* sono due parole, due concetti, che non possono andare insieme, è una contraddizione in termini, proprio come Juan Carlos e la fedeltà (si riferisce alle relazioni extraconiugali di re Juan Carlos di Spagna, *N.d.T.*). Dall'AECC insistettero fin da subito a ribadirci il concetto che nessuna dieta letta in giro potesse assicurare che non avremmo mai sviluppato il cancro o che una particolare dieta fosse capace di incidere sullo sviluppo o evoluzione della malattia. E naturalmente, non ci dovrebbe mai passare per la testa l'idea di sostituire le terapie standard – radioterapia, chemioterapia o la chirurgia – con una dieta. Sentirete tante persone dire che se molte medicine derivano dalle piante, allora perché un infuso di questa data pianta non può essere benefico allo stesso modo? Neanche per sogno. Anche Fran Rivera e Kiko Rivera (fratelli molto famosi in Spagna, il primo torero, il secondo starlette del gossip e reality show, *N.d.T.*) sono usciti dallo stesso posto, ma non per questo hanno qualcosa in comune.

L'unica dieta veramente efficace è quella di cui abbiamo sentito parlare un milione di volte da decenni. Una dieta sana ed equilibrata, come quella mediterranea, dove si mangiano frutta e verdura tutti i giorni, che vede presenti i legumi due o tre volte la settimana e preferisce come carni il pollo, il tacchino e il pesce. Nel caso dei pazienti con un tumore può essere che le quantità debbano variare, e a seconda dello stadio della malattia bisogna aggiungere qualche integratore alimentare specifico.

Dopo l'intervento mi misi in contatto con una nutrizionista per iniziare una dieta specifica. Quando dico che tutti a casa abbiamo cambiato la nostra alimentazione, mi riferisco semplicemente al tipo di alimenti. Non che mangiassimo solo schifezze, quantità industriali di fritti o di dolci confezionati, ma siamo diventati *realfooders*. Se dico che sono diventata *realfooder* a mia mamma crede che io sia finita in una setta. *Real food* significa "cibo vero". Con *cibo vero* mi riferisco agli alimenti non processati e senza additivi chimici. Sappiamo e accettiamo che ci avvelenino attraverso uno dei diritti fondamentali dell'uomo, quello al nutrimento. Per mantenere i livelli di consumo capitalisti, agli alimenti viene aggiunta una lunga lista di agenti tossici per il nostro corpo durante il processo di produzione e conservazione. Additivi, conservanti, stimolanti, acidificanti, edulcoranti, coloranti e un sacco di altra robaccia. E-20, N-340... Invece di un barattolo di mais sembra stiano parlando di una strada provinciale.

Nei limiti del possibile dobbiamo mangiare alimenti biologici, ecologici, il meno lavorati possibile dall'industria. Sono consapevole che questo cibo sia più caro e la situazione economica corrente non sia un Carnevale di Rio: tutti gli alimenti che hanno davanti il prefisso *bio* o *eco* costano di più. Già tutto quello che è *eco*nomico ormai non lo è più così tanto perché ha il prefisso *eco*! Ciò che voglio dire è che dovremmo scegliere di consumare questa tipologia di alimenti se ne abbiamo la possibilità.

Io ero così ossessionata dalle cure di mio marito che nulla di quello che lui ingeriva doveva essere processato. Scoprii i benefici dei frutti rossi, della curcuma... Mi stancai di leggere libri sul rapporto tra alimentazione e cancro. Non credevo che sarebbe stato quello ad allungargli la vita, ma tutto ciò che di tossico potevamo eliminare dal suo corpo era un'ottima cosa. E a ruota anche dal mio corpo e da quello di mia figlia. Da allora, abbiamo cambiato completamente la nostra dieta. Un cambiamento per il quale sento di dover ringraziare Antonio. Chissà se l'esigenza di cambiare alimentazione non stia allungando la nostra, di vita.

Curavo ogni singolo dettaglio della sua dieta. Be' insomma, non dimentichiamoci che Tarzan è pur sempre Tarzan, perciò mangiava *tortillas* di patate (biologiche!) grandi come lo stadio olimpico di Monaco. Quando andavamo a mangiare fuori, spiegavo minuziosamente la situazione al cameriere e gli chiedevo se cortesemente avrebbero potuto cucinare la zucchina, la melanzana e il petto di pollo che avevo portato io da casa. Pollo ecologico, certamente. E con *ecologico* non intendo che facesse la differenziata, bensì che non è stato gonfiato con mangime industriale e non ha addosso più farmaci della regina d'Inghilterra. Intendo semplicemente un animale che non è stato torturato o avvelenato, non uno che non beve birra mentre gli fanno i massaggi come si fa con i manzi Kobe in Giappone. Loro sì che se la spassano. Magari fossi un manzo Kobe! Dove devo firmare?

La dieta che avevo preparato prevedeva anche dei centrifugati *detox* che, a giudicare da quanto avevo letto, servono ad aiutare a depurare l'organismo. Il nome *detox* è molto adatto, perché talvolta mi sembrava di preparare qualcosa *di-tossico*: curcuma, spinaci, zenzero, limone... Quel poveretto a volte sperava che gli preparassi anche un secondo centrifugato per depurarsi dal primo che gli avevo fatto.

Piantai un orticello nel retro di casa – ho le mani d'oro, lo so – per coltivare le nostre verdure ed essere sicura che, a meno che io non spruzzassi pesticidi da sonnambula, fossero biologiche al cento per cento. All'apparenza può sembrare che avere un orto in casa sia un privilegio, ma più che un lusso è un lavoraccio. Tutto il santo giorno con la schiena piegata con la pala e i semi... Il giorno in cui è spuntato il mio primo pomodoro avevo già collezionato quattordici colpi della strega.

In un angolino decidemmo di costruire un pollaio con dieci galline per avere le nostre uova ogni giorno per le *tortillas* olimpiche di Tarzan. Galline nutrite non con il cibo casereccio della mamma, ma comunque con prodotti naturali. Non abbiamo nemmeno sottoposto le galline alla luce artificiale alterando il ciclo naturale per far loro deporre un numero maggiore di uova – torture degne di Guantanamo –, tecnica che stordisce le galline manco fossero uscite da un rave al Pachá di Ibiza.

Io ero particolarmente emotiva in quei mesi, come è logico. Un giorno arrivò Resty per darmi una notizia:

«Una gallina sta per morire, sta per morire la gallina, occhi brutti».

«Ma va là, Resty, che le passa tutto da sola» risposi senza curarmene troppo.

Il giorno seguente tornò per dirmi:

«Due galline con gli occhi brutti oggi, moriranno tutte».

Decisi di chiamare la veterinaria perché mi suggerisse una cura, ma mi disse che non poteva darmi nessuna prescrizione senza aver prima visitato le galline.

Perciò Resty e io andammo all'ambulatorio veterinario, ognuna con la sua mascherina, i guanti, la visiera di protezione in plexiglass, il disinfettante e una gallina in braccio. Nella sala d'attesa c'era seduta una donna con il suo cane, poi due sedie vuote, poi un uomo con il suo cane, due sedie vuote, due astronaute con due galline, due sedie vuote, un'altra donna con un cane... La dottoressa, appena vide le galline capì cosa fosse successo: ciò nonostante, fece loro una risonanza magnetica per avere la conferma di ciò che stava per dirci. Fece loro un'iniezione di steroidi e antibiotici e ci prescrisse delle gocce da somministrare a entrambe tutti i giorni.

Di ritorno in macchina, Resty non ci poteva credere:

«Ha messo iniezione sulla coscia come fosse persona...».

«Così sembra.»

«Puntura come persona!» diceva sconvolta guardando nel vuoto.

«Be' sì, nemmeno io sapevo che si potesse fare...»

«E quanto costa puntura come persona?»

«Be', con la visita, le analisi e l'iniezione... Centosettanta euro.»

«Centosettanta euro puntura come persona!» esclamò, non accennando a riprendersi.

«Sì, puntura come persona, per favore non ricordarmelo più, maledetto occhio brutto della gallina...»

«Quanto costa una gallina nuova?»

«Una gallina? Quattro euro circa.»

«Quattro euro! E dodici uova?»

«Più o meno un euro e mezzo...»

«Un euro e mezzo! E perché spendi centosettanta euro come...?»

«Come persona, esatto. Ma che ne so, Resty, mi hanno fatto tenerezza quegli animaletti. Non me lo ricordare più che le lancio fuori dal finestrino.»

Lei verrà pure dalla Tanzania, ma le piace punzecchiarmi proprio come se fosse di Cadice, la maledetta. Dalle mie parti si direbbe che è proprio pesante come il piombo.

Appena varcammo la soglia d'ingresso di casa, prima ancora di dire "siamo arrivate!" disse:

«Antonio, Anna, centosettanta euro puntura come persona!».

Due giorni dopo ho dovuto chiederle che smettesse. Se passava qualcuno da casa o parlavo in videochiamata con la mia famiglia, eccola che spuntava da dietro per raccontare l'aneddoto della gallina. Da quel momento non fece più riferimento all'accaduto fino a quando un giorno mi venne una lombalgia acuta che mi costrinse a letto. Non appena il medico se ne andò, entrò in camera ridendo fino alle lacrime e disse:

«Puntura come gallina, puntura come gallina!».

Dobbiamo prenderla con filosofia, no?

Arrivati a questo punto della storia avrete già capito che la mia non è la scrittura sopraffina di Isabel Allende. Sono scrittrice per caso e per azzardo, come tutto ciò che ho fatto in questa vita. Anche se ho lavorato come assistente infermiera, attrice, presentatrice e talvolta ho anche indossato le vesti dell'imprenditrice, sono soprattutto una comica per inevitabile vocazione. Da che ho ricordo ho la tendenza alla battuta, alla pagliacciata, allo scherzo, alla sciocchezza, chiamatela come volete. Per mia fortuna o disgrazia, davanti a qualsiasi situazione del quotidiano, per marginale che sia, mi esce svelta una valanga di stupidaggini che non hanno incontrato nel proprio percorso alcun tipo di freno prima di fuoriuscire dalla bocca. Se c'è qualcosa che riesce bene a noi comici, è proprio saper raccontare al mondo le nostre miserie, le nostre tragedie. E questa, che era la più grande tragedia della mia vita, non poteva essere da meno.

Quando ci dissero che ad Antonio restavano solo pochi mesi di vita eravamo in piena pandemia. Non conosco un altro modo di vivere che non si basi sul senso dell'umorismo, e quest'ultimo si attivò proprio come il parabrezza di un'automobile moderna quando cadono le prime gocce di pioggia. Durante la quarantena, a me come a tantissimi altri, è venuta l'ossessione per la pulizia. C'è da dire anche che io avevo una persona immunodepressa in casa, perciò era normale essere spaventata e volerla proteggere a tutti i costi. Quando uscivo, cosa che facevo solo in casi di estrema necessità, mi mettevo il berretto, la visiera di protezione in plexiglass, doppia mascherina, guanti, guanti di riserva, una tanica di gel igienizzante, il disinfettante... Mia figlia Anna e io sembravamo due robot alla ricerca di acqua su Marte. Pulivo tutto con la candeggina più volte al giorno. Ero come uno di quei robot pulisci pavimenti: a ogni passo e a ogni cosa che toccassi seguiva una pulizia con igienizzante, candeggina delicata e panno da cucina. Avrei tanto desiderato uno shottino di un superalcolico ma non è per nulla una bevanda biologica. Però scherzavo su qualsiasi cosa, ci ridevamo su: "La bella lavanderina, che lava i fazzoletti...".

L'umorismo non è oggettivo. Nessuna disciplina artistica lo è al cento per cento, men che meno l'umorismo, che a mio parere necessita di un meccanismo di comprensione più complesso di altri. Mi sembra peraltro assurdo dover spiegare che quello che fa ridere una persona non necessariamente fa ridere un'altra, anzi a volte può anche offenderla. Se è molto sensibile rispetto a un argomento che viene ridicolizzato in maniera diretta o ha particolarmente a cuore questo tema, è comprensibile che faccia fatica a riderne ed estraniarsi. Abbiamo tutto il diritto di offenderci per una battuta. Un altro discorso è invece pretendere che quel comico o quella comica riceva una pena giudiziaria perché per alcuni di noi è offensivo. Nessuno dovrebbe essere trascinato in tribunale per una battuta. Anzi, sono assolutamente sicura che le altre migliaia di battute per cui questa persona ride sono invece offensive per altre persone.

Ognuno di noi, senza rendersene conto, ha i propri limiti e la propria etica. Anche se a volte crediamo di essere portatori della verità assoluta e della voce della giustizia, in generale siamo piuttosto ingiusti e arbitrari. Critichiamo comportamenti che poi adottiamo noi stessi, e adesso con il Coronavirus non dico niente che è meglio...

«Guarda quello lì che si è abbassato la mascherina per dare un morso a una mela... Mettiti la mascherina, assassino!»

«Signora, ma sono diabetico, io...»

«Non mi interessa, egoista che non sei altro, alla salute degli altri non ci pensi?»

Chi non ha visto sui vari social network le foto di amiche e amici e ha pensato: *Uh, guarda come sono vicini, e senza mascherina...*, e dopo ha partecipato a una riunione con tante persone scambiandosi baci e abbracci? Ormai mia cognata è diventata così criticona che pur di aver qualcosa da ridire se la prende con gli attori e le attrici nei film, anche se sono stati girati anni fa.

«Guarda Mel Gibson con tutti quegli scozzesi ammassati... Tanti gonnellini ma poche mascherine vedo! Molto male, Mel Gibson! Volete separarvi dall'Inghilterra, ma lo state facendo senza distanziamento!»

Tendiamo a censurare comportamenti che riteniamo

orribili, passibili di denuncia, di cattivo gusto... ma dipende da chi li adotta. Per esempio, io credo sia un comportamento patologico, e che dobbiamo sradicare dagli Stati Uniti una volta per tutte, quello di portare un mitra a scuola e sparare a tutti gli alunni... Se non sei professore. Ovviamente era una battuta. Non lo penso davvero. Lo dico prima che arrivi un comunicato del sindacato per la tutela dei minori o peggio, un tweet di un perfetto sconosciuto con un profilo fake. Questo decisamente mi affosserebbe, la mia carriera sarebbe finita. Comunque, come ho già detto, io comprendo che qualcuno possa offendersi. Soprattutto potrei comprendere l'Associazione bidelli delle scuole che vorrebbero sentirsi inclusi insieme ai professori, perché devono sopportare lo stesso numero di alunni per le stesse ore!

«E noi? Eh?»

A oggi non esistono studi scientifici verificati che indichino che lo stato d'animo o lo stress siano cause dei tumori o che comunque abbiano un ruolo determinante nella loro evoluzione. Le emozioni sono importanti quando ci si deve adattare alla malattia. Non so fino a che punto le nostre incessanti battute fossero terapeutiche per Antonio e per noi stesse. Quello che però sappiamo è che rendevano le nostre vite più leggere, facendoci evadere dalla dura realtà per alcuni fugaci minuti, il tempo di una risata. Suonerà banale, ma l'umorismo è il miglior modo per ridicolizzare la paura.

Ammetto che si trattava di un umorismo un po' dark... molto dark. La sua malattia cominciava a colpire determinate aree del cervello, facendo sì che dimenticasse quello che stava per dire, o qualcosa che gli avevo detto solo qualche minuto prima. La mia soluzione era dirgli, sorridendo:

«Ma tu non stai bene, eh? Sei proprio rincoglionito».

Per scherzare, lo chiamavo rincoglionito. Lo so, so cosa può sembrare, ma stavo semplicemente normalizzando l'errore davanti a lui, anche se ogni sintomo che si manifestava mi provocava un dispiacere enorme.

Se vomitava per l'effetto della chemioterapia, io lo rimproveravo:

«Ehi, Antonio, ma sei ubriaco un'altra volta? Basta, voglio il divorzio!».

Oppure quando iniziò a perdere i capelli, arrivava dalla doccia con un ciuffo grande in mano e io gli dicevo:

«Ma guarda che bel gattone che hai trovato nella doccia, Antonio!».

«Paz, smettila di prendermi in giro, stronza...»

«Ma se mi fai impazzire così calvo. Adesso più che Tarzan sei il mio Mister Muscolo. Ah, guarda che ti mangio eh!»

«Ammazza, quanti capelli mi sono caduti, eh?» diceva, sapendo che non aveva altra soluzione che riderci su.

«Ma va là, che io sono messa peggio di te, non essere sciocco! Ma se la metà di quel cespuglio è roba mia, che con l'età sto perdendo i quattro peli che ho là sotto! Guarda che schifezza, sembra la testa dell'elefante in India...»

Molte e molti di voi penseranno che le mie battute sono pesanti, di pessimo gusto, che non fanno ridere neanche un po'. Non me ne frega proprio niente e lo dico senza disprezzo. Quando sei famosa – soprattutto nell'ambiente della comicità – sei così soggetta al giudizio altrui, fai così tante gaffe che sei costretta per forza a relativizzare il peso delle critiche. Ti abitui ad autoanalizzarti di continuo. Da questo esercizio uscirai o depressa perché non piaci a tutti quanti ogni minuto, oppure impermeabile a ciò che diranno, capace di goderti il tuo lavoro.

Perdere l'amore della mia vita non ha fatto che ingigantire questo sentimento. Immagino che Antonio questa sensazione l'avrà sentita amplificata un milione di volte. In base alla sua testimonianza, e a quella di altre persone nella sua stessa situazione e che ho potuto leggere nell'ultimo periodo, sapere che la tua morte è imminente elimina immediatamente dalla tua mente tutto ciò che ha scarsa importanza. Cioè quasi tutto. I soldi, la fama, lo status, il potere, gli obblighi, le regole. Tutto quello che non è l'immediato presente, il qui e ora, perde di significato. E quando la realtà perde di significato, è inevitabile che arrivi a salvarti il senso dell'umorismo.

11

NEGAZIONISMO

La negazione è la prima fase dell'elaborazione del lutto secondo la psichiatra Elisabeth Kübler-Ross, in uno dei modelli psicologici più utilizzati e conosciuti. Dopo questa ci sono la rabbia, la contrattazione, la depressione e l'accettazione. Cinque fasi che si succedono in un modo o nell'altro ogni volta che subiamo una perdita. O anche quando non ti fermi allo stop e ti ferma la polizia per darti la multa, proprio come è successo a me qualche mese fa.

Fase 1. Negazione

Ma quelle luci che vedo dallo specchietto retrovisore sono della polizia? Ma cosa vogliono, che accosti? Mah, non può essere.

Fase 2. Ira

Cazzo, cazzo, cazzo! No, non adesso! Ma se non ho fatto niente, andavo tranquilla! Ma vaff...

Fase 3. Contrattazione

«Buonasera, agente. Lo stop? A dire il vero non l'ho proprio visto, ma le prometto che non succederà più, d'accordo? Non c'è bisogno di farmi la multa, no?»

Fase 4. Depressione

Porca miseria, un'altra multa. Che salasso... Ecco, non so guidare. Che maldestra, un giorno sicuro faccio un incidente grave. Basta, non guido più.

Fase 5. Accettazione

Niente, paghiamola, non c'è altra soluzione. La vita va avanti. Almeno non mi hanno levato punti o ritirato la patente, visto che ho bisogno della macchina per andare a lavorare.

Non mento quando vi dico che la diagnosi del tumore di Antonio è stata, più che come una secchiata di acqua fredda, una valanga di neve piombata dall'alto. Da quel «Hai sentito quello che ho sentito io?» che dissi al mio manager Arturo, mi ero ritrovata in piena fase di negazione, pur non avendo subito ancora una vera perdita. Avevo bisogno di spiegazioni. Le pretendevo, per meglio dire. Antonio era un uomo che curava la sua alimentazione, faceva attività fisica regolarmente, non fumava, non beveva: in sintesi, era una persona sana. Perché doveva capitare proprio a lui? Cosa aveva fatto di male? Lo stress? Cos'era successo? Rifiutavo di credere che fosse solo sfortuna. Ero immersa nel negazionismo, così di moda oggigiorno. Ero a tanto così dal dire che la Terra è piatta e il Coronavirus un leggero raffreddore, per citare il *resfriadinho* del presidente brasiliano Bolsonaro. Di sicuro c'è che in cerca di risposte parlai pure con una veggente che, leggendo le carte, mi disse chiaramente: «Il malocchio arriva dall'Africa». Per prima cosa pensai alla bambola voodoo. Con più calma pensai anche che poteva aver visto la trasmissione di Jesús Calleja e sapere che ne avevo una, trovando campo libero per emettere la sua sentenza rivelatrice.

Come mi capita spesso, avevo la mente aperta a qualsiasi spiegazione. Non so bene perché, ma spesso vedo dei segnali che mi orientano sul percorso da scegliere. Ecco, tranne il segnale di stop di prima che non avevo visto. Senza andare troppo lontano, vi racconto una cosa.

Dopo frequenti andirivieni, cinque mesi prima della sua diagnosi Antonio si era deciso a trasferirsi con me a Villaviciosa de Odón, a trenta chilometri da Madrid. Per questo, aveva dovuto prima superare dei concorsi molto difficili per andare a lavorare in Comune. Chiamatela stregoneria, chiamatela casualità, ma la mia argomentazione principale per convincerlo era stata sempre la stessa:

«Antonio, devi venire a Madrid, perché se ti ammali, io devo starti accanto per prendermi cura di te».

In quell'occasione sentii di dover contattare il mio amico Rafael Santandreu per raccontargli quanto accaduto e quanto io mi sentissi persa e devastata. Gli spiegai che dovevo per forza registrare le puntate di *Got Talent*, una gara di talenti alla quale partecipo in veste di giudice. Io lavoro lì per via del mio umorismo, devo essere divertente, spiritosa, e di sicuro non ero nelle condizioni di far ridere nessuno per ore. Per chi non lo conoscesse, Rafael Santandreu è un importante psicologo di Barcellona, autore di libri di successo come *Nada es tan terrible* (Niente è così terribile) o *El arte de no amargarse la vida* (L'arte di non amareggiarsi).

Nell'ultimo periodo ne avevo appunto letto uno suo e avevo avuto la certezza che, in quel momento di caos, lui avrebbe potuto darmi una mano. E lui, a sua volta, sapeva che nessuno meglio di Ana, specialista in psicologia cognitiva che lavora presso la sua fondazione, avrebbe potuto aiutarmi a gestire le mie emozioni. Ana non solo posò una delle prime pietre del primo gradino della ripida scalinata che avrei dovuto salire, ma sta continuando a posare pietra dopo pietra ancora oggi.

La terapia psicologica è come il sesso, a ognuno piace che lo si faccia in un determinato modo; questo modo non è detto che sia lo stesso per tutta la vita: per un periodo può piacerti una cosa e in un altro periodo un'altra; ma tutti quanti ne hanno bisogno, questo sì. Tutte e tutti, senza distinzioni. Se alla pessima educazione all'intelligenza emotiva che in genere abbiamo ricevuto ci aggiungiamo anche lo shock della perdita di una persona cara, l'accompagnamento di un familiare con un tumore o la sofferenza della propria malattia, ecco che diventa indispensabile.

Per disgrazia, la psicologia continua a essere una scienza profondamente stigmatizzata. C'è gente che pensa che si tratti di sdraiarsi su un divano di velluto affinché un signore con una giacca in tweed con le toppe sui gomiti ci dica che i nostri problemi hanno origine dal fatto che vogliamo andare a letto con nostra madre.

La società contiene una quantità di complessi se si parla di psicologia che Edipo in confronto è un dilettante. Ancora al giorno d'oggi associamo l'inizio di un percorso di terapia psicologica alla malattia mentale. Ce ne serviamo appunto come terapia, e non come buona abitudine per conoscerci meglio e imparare a gestire le emozioni.

Se, leggendo queste righe, la prima cosa che vi è venuta in mente è: *Ma quando ci sono andato io non mi sono trovato bene perché...* non state facendo altro che confermare questa mia tesi. Cercate un altro tipo di terapia nella quale vi riconosciate di più. Andiamo da cinque dermatologi diversi alla ricerca di secondi pareri perché ci spaventa che un neo sia cresciuto di alcuni millimetri, ma nonostante questo se non ci troviamo bene con uno psicologo allora puniamo tutta la categoria. O, cosa ancora più tipica, parliamo di terapia psicologica senza averla mai provata.

Il nostro primo incontro ebbe luogo l'8 agosto 2019, due giorni dopo l'intervento di Antonio. Ossessionata dall'idea di trovare un senso alla sua malattia, con una parola Ana ribaltò i miei pensieri come una *tortilla* di patate. Mi ero rinchiusa in un interminabile perché:

perché lui, perché ora, perché in quella parte del corpo, perché maligno... La sua risposta fu:
«Perché no?».

Questo è il primo passo per l'accettazione.

«E perché nonostante tutto lui non può o non deve avere il cancro?»
Ana lavorò con me soprattutto per farmi capire che la vita è così com'è, e non come vorremmo che fosse. Per quanto banale possa sembrare, si trasforma in una vera epopea se si parla di una notizia così sconvolgente come quella della possibilità che l'amore della tua vita muoia. Dico sempre che la vita è come la marea, a volte ti porta a riva un branzino, a volte dei pezzi di catrame. Non potevo fare nulla affinché lui non avesse il cancro. Ce l'aveva già. Quando parliamo di imparare ad accettare un problema, parliamo di accogliere con una certa indulgenza un evento nefasto che non si può cancellare. E non intendo che dobbiamo rassegnarci. Non significa che dobbiamo lasciarci trascinare, ma dobbiamo agire per smettere di opporre resistenza a quella sofferenza. Dobbiamo accettare l'ineluttabilità e cercare di essere felici nonostante la forma in cui si presenta la realtà.

Invece di continuare a cercare colpevoli, infuriata perché i piani non andavano come volevo o avevo previsto, scelsi di provare a vivere con la testa concentrata sul presente.

Siccome l'operazione e il postoperatorio secondo i medici erano stati soddisfacenti, decisi di non aspettarmi nulla né pensare a lungo termine. *E ora che succede? Questo? Ma perché preoccuparsi di quello che potrebbe succedere se ancora non è successo? Perché prepararsi in anticipo a un evento fatale se ancora non si è verificato? Perché temere una metastasi del tumore in futuro se oggi stesso è libero da cellule cancerogene?*

«Goditi questa opportunità che la vita ti ha regalato» mi disse Ana.

E mi dedicai proprio a quello: a continuare a godere della vita come avevo sempre fatto, ma gustandomi ogni minuto un po' di più. Aveva ragione, era un'opportunità. Non era morto improvvisamente in un incidente in auto, come nel peggiore dei casi: la vita mi stava regalando più tempo per stare al suo fianco.

Cercavo di far coincidere le pause tra le sessioni di chemioterapia e i miei giorni liberi al lavoro per organizzare delle brevi fughe alle terme. A ogni giornata in spa Antonio sembrava ringiovanire, gli faceva davvero bene. Fu quasi un piccolo tour in diversi luoghi della Spagna, e andammo addirittura in Svizzera, così già che c'ero tra un idromassaggio e l'altro potevo stare vicina ai miei milioni che conservo proprio lì in un caveau.

Non posso concludere questo libro senza ringraziare i miei capi del canale televisivo Telecinco per aver custodito così bene il segreto. Sto parlando della malattia di Antonio eh, non dei milioni in Svizzera. Scherzi a parte, sarò sempre grata a tutta la squadra di Mediaset per gli aiuti sul lavoro che mi ha offerto sin dall'inizio, e per l'integrità e l'empatia di non aver urlato ai quattro venti lo stato di salute di mio marito durante tutto il percorso. Il loro aiuto è stato uno dei motivi principali per cui io ho potuto godere appieno dei suoi ultimi mesi.

Se tutto il lavoro fatto con Ana per accettare la malattia di mio marito e valorizzare il presente imperfetto del verbo "odiare questa sciagura che ci è capitata" era stato difficile, immagino che quello che ha fatto Antonio per mantenere una stabilità emotiva sia stato infinitamente più complesso del mio. Gli specialisti in psico-oncologia concordano sul fatto che il paziente potrà affrontare molto meglio la realtà del cancro quando caleranno i propri disagi emotivi e, cosa ancora più importante, se ci si sente sopraffatti bisogna chiedere aiuto agli specialisti.

Mi piacerebbe condividere con voi i consigli presenti sul sito della AECC sul difficile compito della gestione delle emozioni di un paziente oncologico.

Esprimi ciò che senti

Tieni a mente che la malattia e le terapie stanno aprendo scenari nuovi e complessi. Sii tollerante con te stesso e mostrati indulgente e rispettoso, anche nei momenti in cui ti senti particolarmente vulnerabile. È il modo migliore perché l'ira, la paura e/o la tristezza perdano forza, e tu possa cominciare a esercitare un certo controllo su di esse.

Condividi i tuoi sentimenti

L'allegria, lo sconforto, l'ira, la paura, lo stupore... sono sentimenti che hanno bisogno di essere esternati. Il miglior modo per farlo è condividerli con persone di fiducia.

Lasciati aiutare

Tenere dentro le emozioni è inutile e aumenta la tensione emotiva, perciò il malessere finisce per esplodere in maniera incontrollata (attacchi di pianto, furia smisurata, eccetera). Esprimi il tuo malessere quando ancora è di lieve intensità. Parlarne ti aiuterà a renderti conto di ciò che davvero ti preoccupa, e ti permetterà di avere il distacco sufficiente per poter cercare una soluzione.

Controlla i pensieri

Le persone possono reagire in maniera diversa di fronte alla medesima situazione di stress. Non sono solo gli eventi a scatenare le emozioni, ma anche la nostra interpretazione degli stessi. Un accadimento può provocare diverse reazioni, a seconda di come lo si interpreta. Anche se ci sono situazioni di per sé molto problematiche, di solito è il dialogo interiore a essere pieno di pensieri negativi, poco realista ed esagerato, e questo crea e mantiene una sofferenza non necessaria. Non preoccuparti di problemi che ancora non sappiamo se succederanno. Quando prevedi la possibilità di scontrarti con una situazione difficile, analizzala nel modo più oggettivo possibile, per cercare soluzioni e prepararti ad affrontarla. Se non ti senti capace di affrontarla da solo, chiedi aiuto.

Attiva il corpo e la mente

Mantieni la mente occupata in attività utili e divertenti. L'inattività favorisce la comparsa di pensieri negativi.

12

L'ARTE DEL "BUON MORIRE"

La medicina non è una scienza esatta. Si basa sul metodo empirico, studi epidemiologici, osservazioni cliniche e probabilità, in merito a diagnosi e terapie. Due più due non fa necessariamente quattro. Il corpo umano, benché sia una macchina sbalorditiva, non funziona come un orologio, anche se molti affermano di andare in bagno ogni mattina puntuali come un orologio.

La terapia di Antonio era riuscita nel migliore dei modi, e il postoperatorio superava tutte le aspettative. Ciò nonostante, con queste maledette cellule non sai mai che cosa possa succedere. Per quanto mi sforzassi di vivere il momento, mi ero già scontrata faccia a faccia con la morte. Non potevo darle le spalle, dovevo continuare a guardarla negli occhi, tenendole testa, imparando da lei.

Come diceva lo psichiatra cileno Claudio Naranjo, tutti moriremo, sottolineando inoltre che sarebbe successo abbastanza presto. "Presto" si riferiva, nel suo discorso, a vari decenni. È ancora presto per tutte le forme di vita di questo pianeta che gira intorno al sole. Ma potrebbe essere questione di mesi, giorni, ore. Nessuno sceglie quando morire.

Mi resi conto che, come la maggior parte di noi, avevo vissuto dando le spalle alla morte. O meglio, negando la sua esistenza, o meglio ancora, terrorizzata da lei. Comportandomi come se non esistesse. La morte è una parte della vita che tutti affrontiamo prima o poi, e per questo dovremmo informarci e prepararci.

Tra gli innumerevoli libri sull'alimentazione per malati di cancro che leggevo, nella mia ricerca inserivo anche alcuni tomi che illuminassero un po' il mio cammino, su come accompagnare un paziente con una malattia grave, o che parlassero di morte, come affrontarla, come accettarla e se ci fosse anche l'eventualità di qualcosa dopo la morte stessa. Dopo una vasta ricerca, ne trovai uno che mi cambiò la vita: *Il libro tibetano del vivere e del morire*, del maestro di meditazione e Lama del buddhismo tibetano Sogyal Rinpoche. Un manuale esaustivo dedicato a persone di qualsiasi estrazione culturale, non solo praticanti della religione buddhista. Unisce le conoscenze tradizionali del Tibet con una ricerca più moderna sulla morte, su chi è in procinto di morire e la natura dell'universo, per integrare gli insegnamenti buddhisti nella vita quotidiana.

La visione della morte nel buddhismo è molto diversa da quella cristiana, ovvero la più diffusa in Occidente.

Sebbene creda, come il cristianesimo, che la morte non sia la fine di tutto, non la si interpreta come una perdita, bensì come l'avanzamento verso qualcosa che non conosciamo, ma che porterà benefici alla mente. Non è un evento triste: si festeggia questo tipo di trascendenza, visto che la morte arriva sempre per insegnarci qualcosa. Se non abbiamo imparato in questa vita, dovremo imparare nella prossima: per questo credono nella reincarnazione. Una reincarnazione basata sulla conoscenza dello spirito, ovvero, ciò che non si è appreso in questa vita ci tocca apprenderlo nella prossima. Esatto, rimandati a settembre.

Per chi non ha una coscienza spirituale o non considera la morte come una trascendenza spirituale, questa filosofia di vita o religione porta con sé anche una serie di saggi consigli dai quali trarre spunto. Ho infatti trovato le parole di un maestro tibetano chiamato Milarepa, che riassume tutto dicendo che la sua religione è vivere e morire senza rimpianti.

Sogyal Rinpoche racconta nel suo libro: "Secondo la saggezza del Buddha, possiamo davvero usare la nostra vita per prepararci alla morte. Non dobbiamo aspettare che la morte dolorosa di una persona cara, o lo shock di una malattia terminale, ci obblighi a mettere in discussione la nostra vita".

Viviamo a ritmo accelerato: è il modo di vivere che ci impone la società dei consumi, e in quanto tale la assimiliamo su più livelli. Ci anestetizziamo accumulando incarichi, relazioni, esperienze, sensazioni in maniera compulsiva, per mettere a tacere le grandi domande.

Il maestro buddhista si domanda: "Perché viviamo con questo terrore della morte? Perché il nostro desiderio primordiale è quello di vivere e continuare a vivere, mentre la morte è il finale crudele di tutto ciò che consideriamo familiare". E forse la ragione più profonda per la quale la temiamo è che non sappiamo chi siamo in realtà e non lo vogliamo affrontare. "Ci troviamo faccia a faccia con noi stessi: una persona che non conosciamo, uno sconosciuto inquietante con il quale abbiamo vissuto sempre ma che in fondo non abbiamo voluto conoscere meglio." Non per dire, ma questo è un altro che senza dirlo con le mie parole mi sta dando ragione: bisogna andare in terapia per conoscere se stessi.

Secondo l'autore la semplicità è la chiave per trovare un felice equilibrio nella vita moderna. In quest'epoca tecnologica complicata, cerchiamo di semplificare la nostra vita per concentrarci sulla conoscenza e i temi dello spirito. Pensiamo che, se smettiamo di aggrapparci alle cose, resteremo senza niente, e infatti sembra che imparare a vivere sia imparare a lasciar andare.

Riflettere sulla morte provoca un cambiamento profondo nel nostro intimo, e ci fa contemplare con un maggiore pragmatismo ciò che stiamo facendo con la nostra vita. Smettiamo di vedere la morte come un atto orrendo o morboso, e cominciamo a vederla con genuina naturalezza, come ci dice Rinpoche. "Perché non riflettere sulla morte quando siamo davvero ispirati, rilassati e comodi, sdraiati sul letto o quando siamo in vacanza?" Mi sta vagamente dando ragione, qui. Questi tibetani relativizzano tutto, tolgono importanza alla vita terrena: e non è forse questo ciò che ottiene il senso dell'umorismo, quello che ottiene quando ridiamo? Magari fare umorismo sulla morte può essere più utile di quel che credi...

Inoltre, uno dei motivi per cui affrontare la morte ci trasmette angoscia è che crediamo che la vita sarà sempre uguale. Ovvero, neghiamo ciò che i buddhisti chiamano *impermanenza* delle cose. No, l'impermanenza non è quella cosa che ha vostra figlia piccola quando fa i capricci per qualcosa che non le volete comprare, quella è *impertinenza*.

E io che credevo di avere paura della *permanenza*, soprattutto quella che cercano di obbligarti a firmare i gestori telefonici sui contratti...

L'impermanenza parla di quella legge dell'universo che non cambia mai: quella del fatto che tutto cambi, niente è in eterno. I cambiamenti rappresentano perdita e sofferenza nella nostra mente, ma il maestro tibetano ci assicura che dolore e difficoltà sono in verità delle opportunità per aiutarci a progredire.

Opportunità per avanzare un passo alla volta verso una conoscenza emotiva e una maggiore accettazione di noi stessi. Oltre a essere una bella parola, l'impermanenza è un concetto spaventoso o speranzoso a seconda dei punti di vista. Nelle mie continue ricerche sul web mi imbattei di nuovo in questo concetto. In quell'occasione, per mano di un prestigioso dottore, Enric Benito, il quale, oggi lo posso dire, mi ha salvato la vita.

Enric Benito, oncologo e dottore in Medicina, l'ha messa in pratica con grandi frutti nella prima metà della sua vita. Ha lavorato in corsia, ha condotto ricerche sul cancro e ha pubblicato numerosi articoli su riviste scientifiche di alto livello. Il suo percorso personale lo ha spinto ad abbandonare l'oncologia per immergersi nel mondo delle cure palliative. Dal 1999, si è dedicato anima e corpo alla ricerca e alle pubblicazioni in questo ambito, arrivando a essere un referente internazionale. È stato consulente senior per le cure palliative e coordinatore del programma di Cure Palliative delle isole Baleari; dal 2014 è membro onorario della SECPAL (Società spagnola per le cure palliative). È docente di Affari nazionali e internazionali in diverse università spagnole e internazionali. Il suo interesse al momento è orientato all'educazione all'accompagnamento spirituale nel processo di morte con un approccio professionale, umanistico e interconfessionale.

Oltre alla sua attività accademica, promuove un cambiamento culturale verso la normalizzazione della morte grazie al progetto *Al final de la vida* (www.alfinaldelavida.org). Sebbene sia proprio quel sito il luogo dove ho fatto una full immersion dei suoi contenuti, l'ho conosciuto guardando i suoi video pubblicati su YouTube che hanno totalizzato più di centosettantamila visualizzazioni, dal titolo *L'arte del buon morire*. Parla di formare le persone che preparano le valigie per questo viaggio

– siano esse pazienti o familiari – e dare visibilità alle risorse sanitarie, sociali e comunitarie esistenti. Grazie a questi contenuti, ho imparato a gestire meglio la malattia e la successiva morte di Antonio.

Secondo Enric, la società in generale e molte colleghe e colleghi che non hanno avuto l'opportunità di formarsi in materia o che ne hanno una concezione errata, credono che il servizio di medicina palliativa sia il luogo dove convergono pazienti già in punto di morte. È vero anche che l'équipe medica dei palliativi spesso si concentra su pazienti che moriranno di lì a ventiquattro o quarantotto ore, con poco margine di manovra per informare la famiglia e aiutare con i conoscenti.

Una persona che sta morendo non deve necessariamente passare dall'unità di cure palliative di un ospedale. Abbiamo la cattiva abitudine di far arrivare lì casi che non ne hanno bisogno. Se tu come medico di base hai una paziente di ottant'anni a casa con un buon sostegno familiare, nonché membri della famiglia che sanno gestirne le cure, la cosa migliore che puoi fare è lasciare che si curi a casa. Hanno bisogno di assistenza medica in ospedale solamente pazienti con sintomi di difficile monitoraggio pur avendo una patologia di base, o con la SARS (Sindrome acuta respiratoria severa), o con dolore neuropatico... O dall'altra parte, situazioni familiari dove ci sono problemi di relazione tra i membri; o persone che, purtroppo, non dispongono di persone dedicate alla loro cura, nemmeno all'interno della propria famiglia.

Oltre alle azioni legali intraprese per mancanza di personale ed eccesso di carico di lavoro, che si verifica nella quasi totalità della sanità pubblica spagnola, la SECPAL sostiene, per migliorare le competenze professionali, una maggiore divulgazione verso la popolazione delle proprie funzioni e competenze, che porti con sé un avanzamento dell'offerta e dell'attenzione al paziente. Questo dovrebbe rifarsi alle autorità politiche nazionali e regionali competenti, che come al solito sembrano invece prendere decisioni sulle questioni sanitarie sul momento.

Secondo il suo punto di vista questo è ancora più prioritario rispetto al dibattito sulla legge per l'eutanasia, vista la natura quotidiana del problema. Più del cinquanta per cento delle persone muore nella sofferenza senza accesso alle cure palliative, principalmente per i motivi già citati: la gente non le conosce bene; i medici, eccetto gli specialisti, non le prescrivono quando ce n'è bisogno perché non le conoscono. Che ci piaccia o no, i pazienti si sentono emarginati socialmente e a livello medico, in secondo piano, come se fossero quelli strambi della classe, semplicemente perché si tratta di una specialità che nella pratica "non cura nessuno".

Secondo il giudizio di Enric, un ospedale non è il miglior posto dove morire. Quando lo conobbi personalmente ed ebbi l'occasione di fargli domande proprio a questo proposito mi disse, riassumendo:

«I medici non sono preparati per affrontare la morte» ammise.

La maggior parte di loro infatti cerca disperatamente di non far morire le persone. È come se una donna incinta, in procinto di partorire, venisse bloccata dal dare alla luce suo figlio. Le si rompono le acque e diciamo: «No, no, no, bisogna rimetterlo al suo posto, dobbiamo chiudere tutto, non possiamo lasciare che nasca la creatura». I medici si impegnano a mettere flebo, ossigeno, antibiotici, eccetera: ma non è stato loro insegnato a vedere le persone, solo a vedere le malattie. Posso essere un esperto di polmoni, fegato o reni, ma della comprensione di emozioni, come la paura o l'incertezza o l'inquietudine della famiglia, non so niente.

Molte persone se ne vanno all'improvviso, velocemente, in un incidente letale, tanti altri invece hanno un po' più di tempo per prepararsi. Se state già iniziando a vedere fili bianchi non solo in testa ma anche dove non immaginavate vi sarebbero cresciuti, sapete bene che in questa vita non si può decidere nulla di ciò che ci succede. Si può però scegliere il modo con il quale accettare ciò che ci succede, e questo sarà ciò che determina in larga parte come ti senti.

Per via della sua esperienza, Enric considera che questo ultimo viaggio tende a essere in salita e cerchiamo di ritardarlo ed evitare l'inevitabile. In questa tappa cerchiamo di resistere, di lottare contro la realtà per paura, e così facendo non facciamo che renderlo più lungo, più stressante, più complicato. Le persone che lo accettano, che abbracciano l'ignoto, sono quelle che se ne vanno in pace. I familiari e gli amici di chi se ne va, oltre alla naturale tristezza di doversi congedare, rimangono colpiti dall'esperienza quando percepiscono che la persona se ne sta andando con armonia, con una sensazione di pace, come se tutto fosse andato bene. Ciò genera benessere non solo nel paziente, ma anche intorno a lui. È importante anche il fatto che ognuno decide la strada da percorrere in questo viaggio: c'è chi lo fa in modo brusco, chi cerca di controllarlo e rende così il processo più lungo; o chi si lascia andare, si lascia trasportare, si fida. Per morire bene dobbiamo imparare a vivere bene. Attenzione: vivere bene non significa ingozzarsi di prosciutto e gamberi pregiati, né possedere uno yacht e due ville. Questo è vivere da gran fighi, che non è la stessa cosa. Vivere bene significa "coltivare la pace nella nostra mente e nel nostro modo di vivere", secondo Rinpoche. La differenza sta nel livello di sicurezza di sé di una persona, così come anche la qualità delle relazioni che ha intrecciato con sé e con gli altri. Einstein diceva che dobbiamo scegliere tra pensare di vivere in un cosmo armonico oppure, al contrario, in un universo caotico. Ovvero, se questo universo è un luogo tranquillo e confortevole o una minaccia costante. Questo livello di sicurezza con il quale l'affrontiamo dipende dalla propria esperienza, da come una persona ha affrontato le crisi che ha vissuto durante la propria esistenza. Perché non abbiamo granché, ma di crisi ne abbiamo da vendere. In definitiva, qualsiasi sia il percorso che decidiamo di intraprendere, arriverà un momento in cui ci accorgeremo che dobbiamo allentare la presa, lasciar andare, permettere che succeda ciò che deve succedere.

Nei suoi video, Enric fa riferimento a un aspetto che, a meno che non abbiate studiato Medicina, credo nemmeno vi sia mai venuto in mente, ed è che il processo di morte è molto ben congeniato. Con alcuni passi fisiologicamente codificati, come quello di nascita. Se uno sospetta che, se ci lasciamo andare e perdiamo il controllo, sarà dannoso e avrà paura, allora sarà più reticente. La disconnessione, se la si fa in maniera progressiva, oltre a non essere dolorosa, seguirà un ordine preciso, già strutturato. Può essere dolorosa la malattia concomitante dalla quale siamo affetti, ma per quello i medici hanno molti farmaci. La sofferenza invece ce la mettiamo noi, quella resistenza all'accettazione della realtà che stiamo vivendo si può evitare. Per questo la cosa più saggia è non porsi in maniera conflittuale con ciò che arriverà.

Sembra essere determinante per l'accettazione della morte anche l'armonia con le relazioni significative che abbiamo intorno a noi. Lungo tutta la nostra vita, visto che veniamo al mondo senza manuale d'istruzioni, tutti abbiamo commesso errori e abbiamo dovuto chiedere scusa o perdonare a nostra volta. La cosa importante è arrivare a quella tappa della vita avendo svuotato il sacco, senza cose in sospeso. A volte le persone continuano a vivere con il cuore spezzato per qualcuno, ciò rende difficile lo scorrere del tutto. Fare pace con il passato, riconciliarci con quanto accaduto, accettare e perdonare quelle storie che hanno poca importanza, alla fine di tutto, è molto salutare per superare tutto. Accettare che la vita non sono i giorni che ci restano, bensì la meraviglia che abbiamo vissuto finora.

Il dottor Benito ci consiglia di fare un bilancio benevolo del nostro passaggio su questa Terra, ripensando ai momenti significativi e alle cose che hanno dato un senso alla nostra vita. Ci siamo già autoflagellati a sufficienza, basta sentirci in colpa per tutto, basta soffrire. Vogliamoci un po' bene, anche se siamo verso la fine! Ciò che abbiamo avuto, ciò che abbiamo condiviso, ciò che abbiamo insegnato, l'amore che abbiamo dato, quello che abbiamo ricevuto. Tutto questo dalla prospettiva che ci ricorda che ne è valsa la pena. Dalla parte della gratitudine è molto più semplice lasciar andare.

Un altro importante messaggio del dottor Benito e che inizialmente può sorprenderci, proprio come è successo a me, è che nessuno muore senza sapere che sta morendo. Afferma che tutti intuitivamente conosciamo la prossimità di quel momento del viaggio, e nelle ultime ore le persone cominciano a scollegarsi dal contesto, a perdere interesse. Sintomi come i rantoli possono risultare sgradevoli per chi ci sta accompagnando negli ultimi istanti, ma chi li prova non avverte sensazione di soffocamento né di malessere, perché sta percorrendo un viaggio verso la propria coscienza. Quella pace che sta incontrando permette di non opporre più resistenza, lascia la lotta che fino ad allora aveva combattuto.

Basandosi sulla propria esperienza, Enric sostiene che, nonostante il materialismo scientifico ancora non lo riconosca, la coscienza non si trova nel cervello. Questa è solo un'interfaccia che permette l'espressione della stessa, e nel momento della disconnessione scompare il personaggio che abbiamo interpretato; ma la realtà di ciò che siamo, quella no. La paura si dissolverà a mano a mano che esploriamo all'interno di noi stessi, in questa tappa che chiameremo agonia. Più ci avviciniamo, più perderemo interesse verso quello che ci lasciamo alle spalle, come un neonato può perdere interesse su quanto è successo all'interno dell'utero non appena entra in contatto con l'esterno del corpo della madre. La tenerezza e l'affetto dei nostri cari sono i migliori compagni di viaggio, perché ce ne andiamo fragili, bisognosi, così come siamo arrivati. Il bambino si trova nell'utero in uno stato di silenzio, armonia e comfort dal quale preferirebbe non uscire: troppo stressante. Se così fosse, immaginate mia figlia Anna in quella festa a casa mia con i Navajita Plateá. Non sarebbe mai voluta uscire dall'utero, altroché!

Oltre a condividere la stessa idea di trascendenza della coscienza, sia *Il libro tibetano del vivere e del morire* sia Enric Benito hanno un altro punto in comune: aiutare gli altri a morire bene ha la stessa importanza che prepararci alla nostra stessa morte. Quando conviviamo con un moribondo, come si suol definire una persona che si trova vicina alla morte (anche se sembra offensivo, ma è il termine formale), la sua situazione ci colpisce, a prescindere dal tipo di rapporto che abbiamo con lui. È impossibile essere impermeabili alla presenza della morte. Essa fa affiorare tutti i nostri timori. Anche io mi sono sentita così, e così succede di solito, anche se lo negavo.

Il libro di Sogyal Rinpoche dà una serie di consigli per accompagnare alla morte basati sulla propria esperienza di assistenza ai moribondi. Questi consigli coincidono in gran parte non solo con quelli di Enric Benito, ma anche con quelli della comunità scientifica meno spirituale. Il maestro dice che nella vita è fondamentale instaurare una comunicazione sincera e libera da timori con gli altri. Bisogna essere se stessi, rilassati e naturali. Spesso chi sta per morire si trattiene e non dice ciò che pensa o desidera, e a nostra volta noi che gli stiamo accanto non sappiamo cosa fare o cosa dire. Ma una volta che l'atmosfera è rilassata, la persona moribonda si sente libera di dire ciò che davvero desidera, di comunicare i propri sentimenti più intimi. Quando questo accade, non interrompiamo, non discutiamo e non sottovalutiamo le sue parole. Dobbiamo imparare ad ascoltare e a ricevere in silenzio. Si tratta di un silenzio sereno e ricettivo che fa sentire l'altra persona accettata.

Prendiamogli la mano e lasciamolo parlare: la qualità di questa presenza, in questo momento di vulnerabilità, è decisiva.

È possibile che, quando meno ce lo aspettiamo, il moribondo ci trasformi nel bersaglio della sua ira e dei suoi rimproveri, perciò non dobbiamo prendere troppo sul personale quello che ci dirà, perché si trova nella situazione più vulnerabile della propria vita. La cosa più importante è mostrare un amore incondizionato, libero da qualsiasi aspettativa. Amore e compassione sono componenti fondamentali per la comunicazione con il moribondo. Una compassione non intesa come pena, ma con la vera comprensione dei suoi bisogni e del suo dolore. Fare tutto ciò che è possibile per alleviare la sua sofferenza.

È probabile che ci sia una lunga storia di sofferenza con questa persona, che ci sentiamo in colpa per quello che abbiamo fatto in passato, o arrabbiati pieni di risentimenti per quello che lei ci ha fatto.

Capisco che non sia facile, ma il maestro Rinpoche ci consiglia di guardare questa persona e pensare a quanto sia simile a noi, con le medesime necessità e la stessa voglia di essere felice, per cui evitiamole la sofferenza, oltre che paura e solitudine.

La psichiatra Kübler-Ross, quella che ha elencato le fasi del lutto, ci racconta anche che il suo lavoro le ha dimostrato che con l'amore incondizionato e un atteggiamento più comprensivo morire può essere un'esperienza serena. Rinpoche conferma che, in ogni situazione significativa della vita, due cose possono rivelarsi utili: il buonsenso e il senso dell'umorismo. L'umorismo è meraviglioso perché alleggerisce l'atmosfera ed è in grado di rompere l'esagerata serietà e intensità della situazione. Alla fine, a quanto pare non ci ero andata così lontana, con le mie sparate sull'umorismo. Dice anche che se siamo persone spirituali, con un determinato credo, anche se in maniera innata saremmo portati a predicare quella che per noi è la parola divina, dobbiamo evitare in tutti i modi di inculcarla al moribondo in quel momento, soprattutto se si sospetta che non la condivida. Nessuno vuole essere *redento* dal credo di un altro. Cerchiamo di non fare troppo i saggi, né di voler dire sempre una frase profonda del tipo di quelle che troviamo scritte sulle bustine di zucchero del bar. Dobbiamo solo essere lì, totalmente presenti per come possiamo.

“E se sentirete molta paura o ansia o non saprete che fare, ditelo sinceramente al moribondo e chiedete il suo aiuto” consiglia il maestro tibetano. “La maggior parte delle persone muore in uno stato di incoscienza. Una cosa che abbiamo imparato dalle esperienze di pre-morte è che i pazienti in coma e moribondi possono essere molto più coscienti della realtà che li circonda di quanto non si creda. [...] Questo dimostra chiaramente l'importanza di parlare a una persona in coma o moribonda con frequenza e con spirito positivo.”

Se ci troviamo in un ospedale bisogna comunicare al personale i desideri del moribondo. Rispetto al fatto di cosa dire ai propri figli sulla morte di un familiare, è consigliabile essere sinceri. Con delicatezza, ma con onestà. Non raccontare che “il nonno è stato portato in cielo da quattro angeli, uno per ogni arto”, perché rischiamo che quei bambini poi vogliano dormire legati ai bordi del letto per tutta la vita. Bisogna convincerli a non aver paura della morte, né a considerarla qualcosa di strano. A volte, la spontaneità e l'innocenza con la quale i più piccoli fanno domande sul moribondo possono perfino far ridere e sdrammatizzare il momento. Certamente, dopo la morte, dobbiamo assicurarci che il bambino riceva un'attenzione e una tenerezza particolari.

Se il moribondo ce lo chiede, siamo obbligati a dirgli che sta morendo, nel modo più affettuoso e sensibile possibile.

Sebbene sia Kübler-Ross sia Rinpoche sia Benito abbiano potuto osservare nella pratica che tutti i malati si rendono conto istintivamente che stanno morendo, aspettano che il medico o una persona cara lo confermino. Se nessuno glielo dice, lo capiscono per il cambiamento di tono con cui ci si rivolge a loro, i silenzi per non dire qualcosa, le facce tristi...

Una volta completato ciò che abbiamo appena detto nel limite del possibile, l'ideale è preparare un ambiente accogliente, con un'atmosfera il più pacifica possibile. I maestri tibetani consigliano che siano presenti solo i familiari e congiunti che non siano troppo provati, per non rovinare quel momento. Come è ovvio, questo è molto complicato, e tutti comprendiamo la difficoltà di riuscire a non piangere sul letto di morte di una persona cara. La raccomandazione è, se lo si fa, che sia un po' prima del processo di morte, ma se non lo si può evitare non dobbiamo nemmeno sentirci in colpa per questo.

Cerchiamo incessantemente nella nostra interiorità se ci resta qualcosa da dire, qualche sentimento represso o anche la minima ferita, e poi lasciamola andare.

Il libro tibetano del vivere e del morire dice che dobbiamo innanzitutto dare al moribondo il permesso per morire, e che in seguito gli si deve assicurare che chi rimane potrà andare avanti dopo la sua morte, di modo che il moribondo non se ne debba preoccupare.

Dobbiamo insistere su ciò che ha conquistato e svolto al meglio per aiutarlo a sentirsi soddisfatto della sua vita. Perché è possibile che stia vivendo un forte senso di colpa. Aiutiamolo a morire nello stato mentale più sereno possibile.

Anche Rinpoche ci offre il modo migliore di dare il permesso di morire alla persona che amiamo:

"Sono qui con te e ti amo. Stai morendo e questa è una cosa totalmente naturale. Capita a tutti quanti. Mi piacerebbe che potessi restare qui con me, ma non voglio che tu soffra ancora. Il tempo che abbiamo trascorso insieme è stato sufficiente, lo custodirò per sempre come qualcosa di prezioso. Per favore, non continuare ad aggrapparti alla vita. Lasciati andare. Ti do il mio più sincero e totale permesso di morire. Non sei solo, né ora né mai. Hai tutto il mio amore".

Mi piacerebbe riassumere il processo di dissolvenza degli elementi della religione buddhista. Sebbene non esista un'evidenza scientifica in tal senso, sembrerebbe che queste fasi siano solite ripetersi, anche se la durata delle stesse differisce in base al tipo di morte. Il processo dura minuti o secondi nel caso di una morte improvvisa, e può protrarsi per giorni o settimane nel caso di altre morti. Ne parlano come di una dissolvenza della vitalità del corpo umano, basandosi sui cinque elementi che la compongono: terra, acqua, fuoco, aria e spazio.

1. Dissolvenza dell'elemento Terra

In questa prima fase si osserva che il paziente è inquieto, ha bisogno di muoversi, alzarsi in piedi... Sente dentro di sé che gli sta capitando qualcosa di importante, avverte come una pressione che lo schiaccia. Se non ha la forza di sedersi o alzarsi in piedi gesticola, agita le braccia... Si tende a somministrare sedativi per attenuare questa fase, ma anche se i segnali esterni si attutiscono, l'agitazione interiore persiste.

Che fare?

Lo si può aiutare a ricomporsi, assecondare il bisogno di muoversi. Fare qualche passo insieme, farlo alzare in piedi accanto al letto... Dobbiamo tenere in conto che la forza del malato è minima, è consigliabile avere a portata una sedia perché possa sedersi dopo pochi passi.

Trasmettiamo al paziente l'idea che le possibili sensazioni di pressione che può avvertire non avranno la meglio su di lui, che passeranno, che la pressione andrà dissolvendosi. Parliamo con lui con calma, con dolcezza, ma con concretezza e molta chiarezza. Ricordiamo al paziente elementi o valori che nel passato gli abbiano trasmesso sicurezza, come la sua famiglia, la religione, le amicizie, eccetera.

2. *Dissolvenza dell'elemento Acqua*

In questa fase il paziente è solito restare sdraiato, quasi senza muoversi nel letto. È probabile che abbia perdite incontrollate di liquidi dalla bocca, dal naso o dagli occhi. Nei polmoni se ne accumulano grandi quantità. A volte, il paziente riscontra difficoltà a tossire o espellere le secrezioni. Si associa questa fase alla paura di essere immersi nell'acqua, di affogare, con il desiderio di espellere liquidi.

Cosa fare?

Continuiamo a parlare al paziente in modo attento, calmo, compassionevole, anche se può sembrare assente. Trasmettiamogli una sensazione di calma, facendogli comprendere che la sua paura di morire affogato è infondata.

3. Dissolvenza dell'elemento Fuoco

Nella terza fase, il paziente è solito esprimere una grande sensazione di calore, con un aumento della sudorazione, ma con la pelle addirittura fredda. Proprio come nelle fasi precedenti, si tratta di sintomi esterni, visto che il processo di dissolvenza dei parametri vitali è completamente funzionante.

Cosa fare?

Se il paziente tende a scoprirsi, aiutiamolo a sistemare le coperte sul letto in modo che non abbia troppo caldo o cambiamole con lenzuola più fresche. Puliamo il sudore o applichiamo un panno umido, in modo che non senta troppo calore, o addirittura cambiamo le lenzuola con altre più sottili.

4. Dissolvenza dell'elemento Aria

Il processo è già a uno stadio avanzato, e il corpo e la respirazione sono molto deboli. L'inspirazione è più faticosa dell'espirazione. Spesso si presentano fasi di apnea (mancanza di respiro). In molti casi, inoltre, lo sguardo si sposta verso un punto in alto, al di sopra della testa.

Cosa fare?

Nella pratica, ora è molto complicato fare qualcosa che non sia soltanto essere presenti. Possiamo parlargli con molta calma, perfino con lentezza, ispirando fiducia quando è ora di abbandonare completamente il corpo, di lasciar andare. Specifichiamo che ciò che lo lega a questa Terra, la sua famiglia, i suoi affetti, staranno bene, che può andarsene in pace.

5. Dissolvenza dell'elemento Spazio

Questa è la quinta e ultima fase: è arrivata l'ora di morire. Il paziente respira le sue ultime esalazioni. Il cuore si ferma. È possibile che alcune persone molto vicine sentano ancora la sua presenza. Anche se i parametri sono assenti, lo si percepisce ancora.

È il momento di prendersi cura, di pulire, di far indossare al corpo gli abiti preferiti da parte dei familiari o del personale di cura. Nel caso di morte in un centro sanitario, sia il servizio ospedaliero sia quello funerario è abituato a gestire questi procedimenti con attenzione e delicatezza, lasciando un tempo di lutto in intimità, perché i familiari possano accompagnare o dare l'addio alla persona cara che se n'è andata. Nel caso in cui la morte sia avvenuta in casa, la legge in vigore sul numero di ore nelle quali il corpo può riposare in casa varia da luogo a luogo, perciò bisogna avvertire le autorità competenti, farsi consigliare e valutare la soluzione più indicata per la famiglia e per il defunto.

13

LA NUOVA PERCEZIONE

Nei mesi in cui è stato malato, Antonio ha lavorato sulle sue emozioni con Verónica Cantero, una biodecodificatrice.

La biodecodificazione non ha nulla a che vedere con il poter vedere Sky senza parabola. La biodecodificazione o bioneuroemozione è un nuovo metodo per il benessere emotivo. Si basa su discipline scientifiche, filosofiche e umanistiche che studiano le emozioni e il loro legame con le credenze, la percezione, il corpo e i rapporti interpersonali. Lavora in maniera olistica attraverso una diagnosi medica, per scoprire quali meccanismi inconsci, con i quali siamo abituati ad agire e che in qualche modo accompagnano una determinata sintomatologia, stanno peggiorando la possibile risoluzione della stessa. In questo modo abbiamo l'opportunità di riscoprirci e vivere la nostra vera vita, anziché quella che ci viene data in eredità e autoimposta. A quanto pare, tutto succede grazie alla capacità delle cellule di avere memoria, nel bene e nel male. I comportamenti dannosi vengono registrati e causano a posteriori le cosiddette malattie o sistemi di pensieri malati. Che ottima memoria hanno le mie cellule, e che pessima memoria invece ho io per i nomi, io che chiamo mia figlia con il nome di tutte le mie sorelle prima di riuscire a ricordarmi il suo:

«Toñi, Loli, Sole... Uffa! Anna, vieni un attimo in cucina».

Da quello che mi ha raccontato, so che Antonio era veramente contento del suo lavoro, e seguendo il consiglio del mio nuovo amico (per non doverlo chiamare guida spirituale o maestro) Enric Benito, assecondai un'altra volta il mio intuito e decisi di affidarmi a Verónica.

Abbiamo continuato a lavorare principalmente su quello che chiamano risveglio della coscienza, o nuova percezione. Si potrebbe riassumere con un processo di trasformazione personale, per prendere reale coscienza di se stessi dalla coerenza e dalla chiarezza; un processo dove resettare la mente è fondamentale per guardarci al di là delle etichette che ci siamo creati da sole. Un percorso che, a prescindere da quanto aiuto possiamo ricevere, si finisce per intraprendere da soli.

Secondo questa disciplina, le persone hanno due modalità di interazione con la realtà. Da una parte si trova la mente-errata, nella quale abbiamo creato un sistema di pensieri che non ci aiuta e che, in alcuni casi, potrebbe essere la causa diretta di alcune patologie. Questo sistema è dominato dal senso di colpa, dalla separazione, dal giudizio e dai paragoni; è ciò che si definisce ego.

Non solo crede nel corpo dimenticandosi completamente della mente e delle emozioni, ma lo idolatra. Se la nostra felicità dipende da fattori esterni, quando questi non ci sono siamo scontenti, e quando invece ci sono viviamo con la paura di perderli. Dall'altra parte troviamo la mente-corretta, quello che Verónica chiama il sogno felice: la cura. Una mente che trascende l'ego, una mente concentrata, libera, in pace, che soprattutto è aperta a imparare da ogni esperienza vissuta, che ci permette di essere alunni felici all'interno della nostra stessa esperienza.

Questa definizione della mente è simile a quella riscontrata dai monaci buddhisti con i quali Verónica ha studiato. I loro insegnamenti spiegano che al momento della morte la nostra coscienza sopravvive, perciò ha bisogno di un'apertura per abbandonare il corpo e poter uscire da una qualsiasi delle nove aperture cui disponiamo. Ti anticipo che nessuna di queste è una di quelle cui stai pensando. La coscienza sembrerebbe proseguire verso una forma sconosciuta, più favorevole, ma continua. In sintesi: incontro un'altra professionista di un diverso ambito e con altre fonti di conoscenza che condivide questa visione della morte, vedendola come un processo nel quale dopo il distaccamento del corpo una parte di noi trascende verso una dimensione energetica.

Con Verónica ho imparato che le vite hanno pochissimo libero arbitrio. Crediamo che le decisioni che prendiamo siano libere, senza renderci conto che queste arrivano condizionate da una moltitudine di fattori: credenze, pregiudizi, tabù, ma soprattutto insegnamenti e schemi nascosti nell'inconscio. Senza accorgermene, e sono sicura che sarà capitato anche a voi senza saperlo, tendo a sprofondare sempre negli stessi conflitti interpersonali, anche se mi sforzo di cambiare il mio rapporto con le altre persone o di comportarmi in modo diverso.

L'inconscio è la parte del cervello che agisce senza il controllo della coscienza. Questo sorregge le nostre vite, le nostre scelte e decisioni, ci guida verso la ricerca di un partner, di una casa, di una vocazione. Non è razionale, è molto viscerale. Spesso controlla ciò che ci succede, soprattutto gli eventi più improvvisi e inaspettati, con un'importante carica emotiva che può dominare la situazione e memorizzarla. È ciò che cerchiamo di ottenere tramite le nostre scelte: una mente che ci accompagni all'ascolto dell'inconscio, ad ascoltare ciò che dice il cuore. Lasciarsi alle spalle l'incubo della mente-errata che abbiamo costruito con il passare degli anni.

In parallelo a questo lavoro con Verónica, ho continuato a formarmi con Enric Benito e a studiare la morte per conto mio.

Alcuni giorni dopo la morte di Antonio, ho cercato ovunque un contatto in comune con Enric perché mi desse il suo numero, per ringraziarlo dell'aiuto che mi aveva dato senza saperlo. Ovviamente lo trovai, sono testona come nessun altro. Oltre a esprimergli la mia eterna gratitudine e la mia più sincera ammirazione, conversammo in lungo e in largo a proposito di un'infinità di temi: l'accompagnamento, la morte, la coscienza, la meditazione... Nei video, mi confessò, lui dà solo una serie di consigli generici, sfuggendo il più possibile dal soggettivo. Custodisco nella mia memoria come un tesoro quella chiacchierata dall'inizio alla fine, nella quale in confidenza riuscii a carpire la sua opinione a proposito di cosa c'è dopo la morte. Dopo quella conversazione ce ne furono altre, e poi altre ancora, sfociate nell'amicizia che oggi ci lega. Enric è una persona profondamente spirituale, praticante indefesso della meditazione, e oltre a consigliarmi i suoi video (che avevo già visto) in cui parlava dell'importanza della meditazione per la comprensione di se stessi, mi fece scoprire la figura e l'opera del Brujo.

Rafael Álvarez, meglio conosciuto come El Brujo (lo stregone, *N.d.T.*), è un attore di teatro, cinema e televisione che vanta più di cinquant'anni di esperienza sul palcoscenico. È una persona dall'aura mistica, dalla personalità profonda e con un grande senso dell'umorismo. Porta in scena da un anno l'opera *Autobiografía de un yogui* (Autobiografia di uno yogi): un adattamento del libro scritto dallo yogi indù Paramhansa Yogananda che oltretutto Rafael considera il suo maestro. Dopo ciò che ha letto, scritto e vissuto in viaggio, è giunto alla conclusione che molti classici della cultura hanno lasciato nelle sue opere l'idea che "il tesoro è dentro di noi", per quanto lontano possiamo andare a cercarlo. Crede nel potere della cultura per mettere l'essere umano in connessione con l'autostima profonda che ci permette di pensare che siamo valorosi, che possiamo mettere a fuoco la vita con la lente dei valori positivi, come la generosità, la solidarietà, il riscatto. Crede che la sua vita non sarebbe la stessa senza meditazione.

Una volta ancora il destino, il cosmo, il caso o come preferite chiamarlo mi portava verso la cultura buddhista. Durante la malattia di Antonio, per placare la voragine di pensieri nella quale ero immersa ogni giorno, cominciai a meditare. Per fortuna, il mondo intero sta familiarizzando con la meditazione. Non la si considera più come un'attività praticata da alcuni hippie un po' tocchi. È una pratica riconosciuta sempre di più come positiva per la stabilità mentale nella società occidentale, slegandosi completamente dalla dottrina buddhista. Benefica se la si pratica correttamente, certo. Non consiste in sdraiarci dopo pranzo e chiudere gli occhi per rilassarci, quella si chiama ancora pennichella.

La meditazione consiste nel permettere di poterci incontrare con noi stessi, anche se sono sicura che più di una di noi se si incontra con se stessa fa finta di guardare da un'altra parte e manco saluta. Meditare è lavorare sul controllo del respiro per condurci al controllo della mente. Essa viene liberata, la si lascia in silenzio totale, e solo allora, come disse il Buddha, la mente diventa uno specchio limpido che permette di riflettere la realtà con nitidezza.

Un recente articolo scientifico segnala che i cervelli fanno tutto il possibile per evitare di pensare alla nostra inevitabile scomparsa. L'idea di morire va contro la nostra stessa biologia, che ha il compito di tenerci in vita. Le religioni nascono per tentare di consolare o integrare l'idea che la morte sia inevitabile. La cultura è l'espressione di qualcosa che va al di là di noi, è il modo in cui noi umani abbiamo affrontato l'angoscia dell'esistenza, la paura di smettere di esistere. Il ruolo della meditazione è stabilire una relazione tra mente e corpo, per rivelare l'esperienza della morte fisica che non intacca la mente. Chi ha meditato morirà allegramente, perché sa che la morte non esiste, che l'angoscia esistenziale altro non è che attaccamento alla vita. È paradossale, ma meditare sulla morte ci rende più consapevoli della vita.

Il libro tibetano del vivere e del morire – caspita quanto vi parlo di questo libro, manco prendessi una percentuale sulle vendite – include un capitolo sull'importanza della meditazione e alcuni consigli per i non esperti in materia. "Nella quiete e nel silenzio della meditazione, intravediamo quella profonda natura interiore che da tanto tempo abbiamo perso di vista nell'agitazione e distrazione della nostra mente, e torniamo da lei." Si tratta della pratica dell'attenzione, del riportare a casa la nostra mente dispersa. L'autore dice che quando insegna meditazione comincia dicendo sempre la stessa frase: "Riportiamo ora la mente a casa, lasciamoci andare e rilassiamoci completamente". Cosa mi ricorda questo? È stata la prima cosa che ho pensato quando ho sentito il profumo di Antonio quella sera sulla spiaggia vent'anni più tardi. Era proprio come Antonio mi faceva sentire: a casa. Riportare la mente a casa è riportarla dentro di sé. Ho capito cosa significa rigirarsi su se stessi come un calzino, per riposare in pace nel cassetto del comò della nostra coscienza. Credo di aver peggiorato il concetto con questa metafora.

Esistono molti modi per raccontare la meditazione. Secondo l'autore tibetano è sedersi in silenzio, con il corpo calmo, mentre la bocca tace e la mente è in pace; così pensieri ed emozioni possono andare e venire, come se affiorassero, e non ci si aggrappa a nulla.

Anche se siamo a pezzi dopo il lavoro, nonostante tutte le preoccupazioni, dobbiamo cercare in quel breve momento in cui ci dedichiamo a noi stessi di accontentarci semplicemente di esistere.

Un'altra forma di meditazione si basa sul riposo della mente soffermandosi su un oggetto. L'oggetto non può essere per esempio il nostro cuscino, che conosciamo bene, dev'essere qualcosa che produca ispirazione.

Si può anche praticare l'unione della mente con il suono di un mantra. Un mantra viene descritto come qualcosa che protegge dalla negatività, una frase, una parola o un suono. Nel libro consigliano di ripetere "Om Ah Hum Vajra Gurú Padma Siddhi Hum", ma io vi consiglio di cercarne uno più semplice, così quando lo pronunciate non sembrerete un modem guasto. Qualsiasi metodo scegliate per meditare, imparare a farlo è il più grande regalo che potrete farvi nella vita, e senza spendere un centesimo. Superando qualsiasi barriera culturale o religiosa, come esercizio mentale di concentrazione e stabilizzazione emotiva.

Il maestro Rinpoche scrive che lo ha incoraggiato la recente apertura dell'Occidente al tema della morte e del morire, grazie a pionieri come Elisabeth Kübler-Ross e Raymond Moody. "I ricercatori hanno osservato una sorprendente varietà di cambiamenti ed effetti conseguenti: una diminuzione della paura e un'accettazione più profonda della morte; un maggiore interesse per aiutare gli altri; una visione più assoluta dell'importanza dell'amore; un minore interesse per gli obiettivi materiali; una crescente fede verso una dimensione spirituale e il senso spirituale della vita; e naturalmente una maggiore disposizione a credere nella vita dopo la morte."

Mi piacerebbe precisare brevemente che ognuno è libero di credere a ciò che vuole o a ciò che dice il proprio corpo. Non vorrei ripetermi come un disco rotto, ma con queste pagine non voglio obbligare nessuno a seguire i miei stessi passi, né voglio salire in cattedra, indottrinare nessuno né tirarmela. Magari la vostra visione sul tema è agli antipodi rispetto alla mia e questi consigli vi sembrano inutili o ridicoli. Io sto solamente condividendo com'è stato il mio viaggio, la mia esperienza, ciò che ho imparato dagli specialisti di diversi ambiti in questi due anni perché possano essere di aiuto o di spinta a qualcuno, per cominciare a informarsi e ad affrontare una situazione dolorosa simile a quella che io ho vissuto.

Potrei dire che la mia percezione della morte sia stata completata dalla fisica quantistica. Non ridete, vi vedo. So che sembra una battuta che Paz Padilla dica che le piace la fisica quantistica. Fino a quel momento le mie conoscenze sulla fisica quantistica si limitavano a sapere chi fossero Stephen Hawking e i buchi neri per via di alcune barzellette che avevo inventato sul tema. Immaginatevi il finale... Ah sì, avevo anche imparato a memoria la tavola periodica perché mi piaceva il professore di chimica. Come potrei mai dimenticare la tavola o il professore? Devo dire che dopo aver visto diversi documentari e aver letto articoli illuminanti ho imparato qualcosa sul tema, e ho conosciuto teorie che hanno rafforzato le mie convinzioni riguardo a ciò che avevo già scoperto per conto mio.

Nell'antichità, i filosofi pensavano che se davi un calcio a una pietra e ti faceva male il piede allora era reale, perché sentivi dolore. Quella era la realtà. I miei complimenti al lavorone svolto dai filosofi dell'epoca. Quante ore si saranno scervellati per arrivare a una conclusione del genere? E, domanda ancora più intrigante: un filosofo a un certo punto della vita si licenzia e smette di esserlo? E visto che è impossibile non pensare, quante ore di straordinario accumula? Scusate, sto filosofeggiando e pure senza il conteggio delle ore. Volevo dirvi che durante questi millenni non solo si è potuto dimostrare che la materia è formata da molecole e queste, a loro volta, da atomi (e a loro volta da elettroni, protoni e neutroni, che a loro volta ancora si suddividono), ma anche che la maggior parte dell'atomo è vuota. Così vuota che nulla si può toccare in realtà, al massimo si respinge per la carica elettrica! Se voi credete di stare toccando un oggetto, non lo state toccando, lo state solo spostando come il maestro Yoda di *Star Wars* che spinge le cose senza toccarle, ma in scala ridotta. La fisica quantistica nasce con il suo insieme di leggi, ipotesi, idee e opinioni discutibili su cosa diavolo succede in realtà negli esperimenti subatomici, ovvero a livelli molto più infinitesimali degli atomi.

Una delle idee che mi era sembrata più curiosa era il principio di sovrapposizione, che sembra arrivare direttamente da un film di fantascienza. Lì si afferma che una specifica particella, per esempio un elettrone, esiste nello stesso momento in tutti i suoi possibili stati e si materializzerà solamente nel luogo esatto in cui la stiamo cercando. Cioè che la materia esiste solo quando noi la interpretiamo, perché può esistere e non esistere al contempo, c'è la stessa probabilità che esista come che non esista. Non ha nulla a che vedere con mia cognata, che invece non è da nessuna parte ma sembra essere ovunque. Viene sempre a sapere tutto, quella maledetta...

Per capire che un oggetto può esserci e non esserci allo stesso tempo, non dobbiamo pensare che le cose siano cose. Tutto ciò che ci circonda altro non è che possibili movimenti della coscienza. Posso scorgere qualcosa tra quei movimenti in qualsiasi momento, affinché si manifesti l'esperienza del reale. Non esistono cose, ma solo possibilità. So che proprio adesso esiste la possibilità che la tua noia sia tale da farti addormentare con il libro in mano e fartelo cadere in faccia (cosa che, anche se non ti stanno colpendo direttamente le sue molecole, fa comunque un male cane). Tranqui, non mi dilungo.

Una delle cose più importanti che ho imparato è il concetto che *noi creiamo la realtà che vediamo*. Sembrerebbe che ciò che vediamo sia frutto, tra le altre cose, dell'esperienza. L'esperienza non è conoscenza, è saggezza. L'esperienza della morte di Antonio mi ha donato la saggezza per creare una realtà d'amore, invece di crearne una di sofferenza, di tristezza, eccetera.

In base a queste teorie, alcuni ricercatori nordamericani stanno cercando di costruire una macchina di precisione per capire se il mondo fisico abbia davvero tre dimensioni, così come lo vediamo e sentiamo, o se sia un'illusione, un ologramma. Alla fine torniamo sempre alla medesima domanda: viviamo in un mondo reale o in un'illusione? Chissà, forse siamo una proiezione di noi stessi in un mondo che sperimentiamo come reale.

Il danese Niels Bohr scoprì che le particelle subatomiche, come gli elettroni o i fotoni, si influenzano l'un l'altra per sempre senza soluzione di continuità. I fisici più ortodossi dicono, al contrario, che questa caratteristica è applicabile solo a particelle piccole o subatomiche. Nel mondo delle molecole e degli atomi, l'universo si comporterebbe normalmente seguendo le leggi di Newton. Ovvero, si potrebbero trasferire informazioni tra universi e nel tempo, ma non materia.

Una corrente scientifica sostiene che potrebbe esserci vita dopo la morte ma che questa non esista. La chiamano morte quantistica. È una delle ultime teorie della fisica che ribalta di nuovo le nostre convinzioni, o quantomeno le mie. Secondo questa corrente, la vita non cessa di esistere, cambia solamente la forma con la quale viene percepita. La teoria del biocentrismo presume che la morte sia il prodotto della nostra coscienza perché sappiamo che i corpi fisici muoiono.

Ormai non so più cosa sia reale e cosa non lo sia. Che casino! Tuttavia, se ci sono importanti fisici teorici che affermano che esistono possibilità di uno stato di coscienza diverso dopo la morte, che può entrare in connessione con la nostra realtà, perlomeno in teoria rispetto a ciò che sappiamo ora, chi sono io per negarlo. Se a questo ci aggiungiamo la loro convinzione che il tempo non sia lineare e che esistano in teoria infiniti universi paralleli, allora ciao proprio. Nel senso che non esiste né un qui, né un adesso, né un presente né un passato in quanto tali: tutto è collegato in un modo che io ormai non riesco a comprendere, ve lo giuro. Mio fratello Pedro, che adora questi temi e cerca costantemente informazioni, me l'ha spiegato con la bravura che lo contraddistingue:

«Allora, Paz, anche se non ci credi, esistono infiniti universi come questo, con infiniti Pedro uguali a me. Ok, proprio come questo mondo e proprio come me no, ma le probabilità sono infinite. Nel senso che hanno preso infinite decisioni che li hanno portati ad altre realtà. In un altro universo io sono presidente del Consiglio, in un altro sono pilota d'aerei, in un altro sono calciatore... ma in questo sono muratore, con tutti i miei guai... Certo che poteva toccarmi un altro lavoro in quest'universo qua».

Dopo questo mare magnum di concetti e convinzioni, se siete curiosi di sapere in cosa credo o non credo io, la mia opinione rispetto a questa trascendenza spirituale dopo la morte di cui vi sto parlando da un po', ve lo dico. Una vera esclusiva rigorosamente in diretta. Roba che neanche a *Sálvame* (il programma tv di cui Paz è conduttrice, *N.d.T.*). In quale camera devo guardare, questa o quella? Pronta. Come è ovvio, io oggi credo fermamente in quella trascendenza energetica superiore, o mistero dell'universo, che ci unisce dopo la morte, nonché nel potere della meditazione per aiutarci a entrare in connessione con noi stessi. Altrimenti non sarei arrivata al punto di scrivere un libro, se non pensassi che raccontare la mia esperienza possa essere d'aiuto a qualcuno. Questa visione della morte non solo ha migliorato il mio rapporto in generale con essa, con me stessa e con ciò che è intorno a me, ma mi ha anche aiutata ad accettare la morte di Antonio con amore, senza paura. Ma se credo sia in Buddha, sia in Dio e in qualsiasi altra divinità come possono essere tutte vere? Questo non ve lo saprei dire, non è molto chiaro nemmeno a me. Del fatto che Antonio mi accompagni e sia presente in qualche modo nella mia vita invece sì, sono completamente sicura.

14

DOÑA LOLA

Dolores Díaz García nacque il 14 aprile 1928 ad Arcavell, un paesino dell'Alto Urgell catalano in provincia di Lleida di appena trenta abitanti. Un dato che abbiamo scoperto solo pochissimi anni fa. Al tempo era frequente che gli atti di nascita presentassero diverse irregolarità. Quando aveva un anno o un anno e mezzo, i miei nonni dovettero trasferirsi a Zahara de los Atunes, prima di stabilirsi definitivamente a Cadice. Suo padre, Pedro, che era un carabiniere, venne mandato lì per potenziare la lotta contro il contrabbando e la pirateria. Come la maggior parte delle persone della sua generazione, la sua infanzia è stata caratterizzata dalla fame. Mi raccontava che, per via della sua età, non fu granché consapevole del terrore della guerra Civile spagnola e dei primi anni di dopoguerra. Aveva solo ricordi confusi. Il suono degli spari delle fucilazioni su una montagna vicina, o il silenzio generale in pubblico su alcuni argomenti per paura di possibili rappresaglie. Quello che invece ricordava alla perfezione era la fame, la preoccupazione quasi quotidiana di riempire per ognuno un piatto a tavola. In più di un'occasione si imbucarono in qualche terreno, proprietà del latifondista di turno, per rubare galline o carrube, alimento molto popolare per il suo alto contenuto calorico più che per il suo sapore.

In sintesi, aveva appreso il duro compito di sopravvivere ben prima di imparare leggere. Era molto orgogliosa della sua limitata formazione: leggere, scrivere e quelle quattro regole matematiche, somma, sottrazione, moltiplicazione e divisione. Ma non lasciatevi ingannare dal suo percorso di studi, Doña Lola era un pozzo di scienza. Saggezza popolare e semplice. Quella che nessuno ti regala e che devi inseguire con forza per tutta la vita. Una vita che non era stata molto generosa con lei, diciamo. Le circostanze l'avevano obbligata a diventare una donna forte, una roccia con carattere. Come se il destino le avesse detto: «Preparati che qua arrivano sette bambini...». Nascondeva come poteva le sue paure dietro la cascata di allegria che tutti vedevamo. Per averci cresciuti senza un soldo, non siamo nemmeno venuti su così male. Vero è che tutti e sette noi fratelli siamo un po' matti, lo ammetto. Ma ha cresciuto sette persone sane di mente, affettuose, attaccate alla famiglia, genuine e con una grande forza e intelligenza emotiva per superare le avversità.

Era così abituata a convivere con la miseria che ci dimostrava come i problemi economici avessero poca importanza. Ogni volta rendeva il giorno dei Re Magi (l'equivalente spagnolo della Befana, *N.d.T.*) il più bello dell'anno. Non ci sarebbe nulla di strano, se non fosse che a volte non c'erano regali. Come il fantasioso padre interpretato da Roberto Benigni ne *La vita è bella*, ma molto più divertente. Se la fame aguzza l'ingegno, non ti dico la creatività.

Doña Lola era una di quelle persone che sembrava fossero state toccate da una bacchetta magica. Un dono che viene concesso solo a pochi fortunati. Un senso dell'umorismo di una Cadice che non c'è più, quello del Beni de Cádiz, del Pericón, del Peña (tre figure importanti della musica flamenca e della cultura di Cadice, *N.d.T.*). Un umorismo che ha bisogno di una macchinazione nel cervello velocissima, per poi venire eseguito in modo calmo e riposato, mostrando la superiorità intellettuale nei confronti dell'interlocutore. Roba da togliersi il cappello. Se chiunque nel mondo della *stand-up comedy* l'avesse conosciuta, sarebbe sconvolto dalla sua conoscenza innata del *timing*, i tempi comici, o delle *punch line*, le battute finali, mentre raccontava un aneddoto o sganciava una battuta durante una riunione da far piegare in due dalle risate.

Per questo, mia madre aveva una personalità magnetica. Ti attirava con la sua luce come un pesce degli abissi nel mare profondo. Anche se stavi camminando in pieno agosto sulla spiaggia di Zahara de los Atunes, di fretta per mollare sulla sabbia l'ombrellone, la borsa frigo, le quattro sdraio e i tre figli, qualcosa ti spingeva a fermarti a salutare Lola, Doña Lola.

Senza alzare il culo dalla panchina piastrellata sulla porta di casa era capace di trasformare ciò che tu credevi essere un breve saluto in una conversazione lunga ore. Quando parlava sprigionava una tenerezza, una vitalità e una spontaneità che ti faceva preferire trovarti lì piuttosto che in spiaggia. Faceva sentire di famiglia chiunque passasse di lì, e in dieci minuti aveva raccolto più informazioni sulla sua vita che un agente della CIA in dieci anni di indagini. Manteneva sempre la caratteristica espressione facciale di chi ha appena inaugurato le vacanze di famiglia con un sorriso da orecchio a orecchio.

In breve, così come il pesce degli abissi, ti spingeva a finire involontariamente tra le sue fauci e poi la ringraziavi pure. Senza rendertene conto, firmavi un contratto: la vincita era succulenta, ma con varie clausole scritte in piccolo. Doña Lola ti aveva omaggiato della sua luce, della sua allegria, dei suoi consigli e della sua saggezza, ma molto probabilmente, nel suo caloroso discorso, era riuscita a prendersi gioco di te o dei tuoi accompagnatori. Era il suo cinque per cento di interessi a tasso fisso da pagare in comode rate. Ciò nonostante, era così bella e pura la luce che emanava, che nel presunto caso in cui ti fossi reso conto di essere stato vittima del suo pungente senso dell'umorismo, invece di dispiacerti provavi se possibile ancora più tenerezza.

Proprio come il detto "essere come il giorno e la notte", non so dire quale delle due Lola fosse la più genuina: la donna vitale, affettuosa, distaccata e combattiva, oppure la sagace comica capace di registrare un tutto esaurito in ogni locale di Madrid, fosse nata cinquant'anni dopo.

Vi faccio un esempio per darvi un'idea di come mia madre mettesse l'umorismo sopra ogni cosa. Era andata a servizio in una casa di Cadice quando era una dolce e innocente giovincella; anni dopo, sempre giovanissima ma un po' meno dolce e innocente, conobbe mio padre a un ballo, si innamorarono e cominciarono a uscire insieme. Per formalizzare la relazione, mia madre disse a mio padre che avrebbero dovuto andare a casa sua, a Zahara de los Atunes, perché lui conoscesse i suoi genitori, la sua famiglia e perché no, anche il resto delle vicine del paesino. Siccome mio padre faceva il vetraio, per fare buona impressione, lei gli chiese se avrebbe potuto portare dei vetri per le finestre di casa. Erano fatti per delle finestre grandi, saranno stati di almeno due metri, qualcosa che mia madre non avrebbe mai potuto pagare. Ma a mio padre non interessava, era la sua presentazione in pubblico, erano un regalo.

Il giorno in questione legarono i vetri con delle protezioni di gomma al tetto della Seat 600 e, con molta attenzione, guidarono fino a Barbate. Il ponte sopra il fiume Barbate non era ancora stato costruito perciò dovettero lasciare lì la macchina, attraversare in barca e infine arrivare a dorso d'asino sulla spiaggia fino a Zahara. Dopo l'odissea del trasporto di quegli enormi vetri in barca senza un graffio e vista l'impossibilità di piazzarli a dorso di mulo, mio padre optò per legarli con una corda e trascinarli sulla sabbia. Arrivò a piedi a casa dei suoceri diverse ore più tardi, dopo averli trascinati per otto chilometri di spiaggia e averli caricati sulle spalle per i duecento metri che separavano la spiaggia dalla casa. Quando arrivò e vide più di trenta persone che aspettavano che aprisse la bocca, lui fu solo capace di dire timidamente:

«Salve, mi chiamo Luis Padilla, ho portato i vetri che mi avete chiesto per la casa».

Grosse risate scoppiarono immediatamente. In effetti, la casa era una baracca senza finestre.

Perché mio padre, dopo quello scherzo crudele, avesse deciso comunque di sposare mia madre e trascorrere il resto della vita con lei, dev'essere stato per via dell'immensa luce che lei sprigionava a ogni passo. Né i miei fratelli né io eravamo in grado di tenere un segreto con lei. Bastava un semplice "come stai" per sfogarti parlando senza sosta, fino a essere costretta ad andarmene o a riattaccare il telefono per qualche stupida commissione. Era uno dei pilastri della mia vita, io volevo essere come lei. Avere la sua forza, la sua capacità di superare un ostacolo dietro l'altro senza perdere il senso dell'umorismo. A volte io la chiamavo in lacrime e finivamo la telefonata ridendo per colpa sua. Quando piango, sento la sua voce che mi dice:

«Paz, non piangere più, non è niente di che...».

Era uno specchio nel quale guardarmi, e non avrei avuto problemi a trascinare quello specchio sulla sabbia per otto, venti o quaranta chilometri, se mi avessero assicurato che oggi avrei potuto vedermici ancora.

Non aveva paura di morire, aveva paura di smettere di vivere. Provava rabbia sapendo di doversene andare. Amava così tanto la vita e la bella famiglia che era riuscita a costruire, che era un peccato dover lasciare la festa proprio adesso. Da anni odiava il suo compleanno. Lo considerava il promemoria della sveglia sul telefono che ti dice *La sveglia suonerà tra quattro ore e quarantasette minuti.*

«Basta, lo so che posso dormire poco, lasciami in pace!»

Il 6 gennaio 2020, a novantuno anni, il suo scheletro stanco non poté più reggere il peso del tempo. La sua anca destra si fratturò facendola cadere a terra in camera da letto. Da quell'incidente, si spense lentamente fino a quando un mese più tardi Doña Lola ci lasciò. Non senza prima regalarci un altro aneddoto che riassume alla perfezione il suo atteggiamento davanti alla morte.

Quando ci fu l'incidente in quella notte di gennaio, per un motivo o per l'altro, nessuno di noi figli era a Cadice. La sua badante chiamò spaventata mio nipote, la persona che viveva più vicina a lì. Quando arrivò, la vide seduta per terra, aggrappata ai piedi del letto senza il benché minimo lamento, nonostante il male cane che può provocare un trauma del genere...

Mentre la preparava in attesa dell'ambulanza e parlava con lei, notò il suo sguardo. Era come se sapesse prima di chiunque altro che da quella situazione non ne sarebbe uscita. Era arrivata l'ora. Sembrava che non le facesse nemmeno male, l'anca. Che coraggio che aveva, porca miseria. Sdraiata sulla barella, prima di lasciare casa sua in direzione Ospedale Puerta del Mar, qualcuno dell'équipe medica le chiese:

«Dolores, le viene in mente qualche oggetto a casa di cui può avere bisogno in ospedale? Vuole portare altro?».

«Sì, aspetta. Paco» rivolgendosi a mio nipote, «portami i preservativi che ci sono sul comodino.»

Il lupo perde il pelo ma non il vizio, altroché. Soffriva di un dolore inimmaginabile, e pur consapevole che la fine era quasi imminente la prima cosa che le passò per la testa fu rispondere con una battuta di spirito per divertire o sorprendere dottori e infermieri. Le centinaia di persone che sono state al tuo funerale, Lola: lì abbiamo compreso finalmente la tua rabbia. Quanta gente è venuta a salutarti. Quanta gente ti amava, ti ammirava, sente la tua mancanza. Quante persone ci hanno raccontato aneddoti sul tuo conto e quante risate ci siamo fatti. Cosa ti sei persa. Ovvio che non te ne volessi andare, se ci pisciamo addosso dal ridere ogni volta che ci ritroviamo noi sette fratelli con i nostri compagni e compagne, con i figli, con gli amici, con gli amici dei figli, con gli amici degli amici...

L'ambiente era così familiare, si respirava così tanto amore, che ti immaginavo lì, seduta sulla tua poltrona di vimini (con doppio cuscino perché non ti facesse male l'anca), proprio come nel film di Carlos Saura e Rafael Azcona *Mamà compie 100 anni*. Tu che osservavi la scena, analizzavi quel poco che vedevi; tu che sentivi la mancanza di quel figlio che non era potuto venire; o tu che rispondevi a chi si fosse avvicinato a te per salutarti e ringraziarti con qualche perla delle tue perché si sganasciasse dal ridere. Come succedeva sempre alla vigilia di Natale o in qualsiasi festa nel cortile della casa di Zahara.

E adesso cosa facciamo, Lola?

15

POVERA LEI, CHE PENA!

Antonio è morto il 18 luglio 2020, cinque mesi dopo mia madre. In un certo qual modo, la morte di mia madre era sembrata un presagio del futuro: stessa gente, stesso posto, morto diverso. Non posso negare che durante la sua sepoltura non smettessi di pensare alla possibilità di dover tornare di nuovo a quelle fredde sedie in similpelle, se le cellule cancerogene si fossero ripresentate nel corpo di mio marito. Ciò che non avrei mai immaginato è che avessero scelto proprio il giorno seguente per manifestare la propria esistenza.

Un giorno dopo la sepoltura di mia madre, Antonio ebbe di nuovo episodi di capogiri, di vista alterata e difficoltà a esprimersi.

La morte di una madre e quella di un marito sono perdite completamente diverse. Non mi piace l'espressione *è una morte più naturale*, perché non c'è nulla di più naturale della morte di per sé, a prescindere dall'età. Preferisco usare l'espressione *è più probabile*.

Come ho letto una volta, un neonato ha già l'età per morire. Nel mio caso, la differenza era che per quando era morto Antonio io avevo già perso totalmente la paura della morte e a ciò, senza dubbio, aveva contribuito il decesso e il conseguente lutto di mia madre. Guarda te, Lola, ci hai aiutati a essere forti anche senza volerlo...

La ragione principale che rende diversi i due lutti è come io li ho affrontati. Un lutto mette in luce il modo in cui noi affrontiamo la nostra stessa morte, non solo la perdita di una persona cara. Rafael Santandreu dice che i lutti durano tanto quanto ci mettiamo noi ad accettare la perdita. Non esistono date prestabilite per queste cose, non c'è motivo perché debba durare per forza di più quello di un marito anziché quello di una madre. Sono eventi a sé, che avvengono in momenti diversi della vita, anche se a distanza di pochi mesi. Non è come la carta dei vini al ristorante: "Abbiamo un lutto di madre invecchiato sei mesi; lutto di padre a cinque mesi, lutto per un figlio a nove mesi; lutto di tuo figlio (quello che ami più dell'altro) a undici mesi...". Né si moltiplicano, non seguono una progressione esponenziale. "Lutto per madre e padre: fa male il doppio. Se ci aggiungiamo tuo zio: due per tre che fa sei, quindi fa sei volte più male..."

I medici solitamente stabiliscono la durata di dodici mesi (orientativamente) come la barriera che separa il lutto naturale da quello patologico. Ciò nonostante, questo non significa che siamo malati se proviamo dolore dopo quella soglia temporale qualora non possediamo una formazione emotiva adeguata. Se ci sentiamo sopraffatti dalla situazione, è più che necessario chiedere aiuto a un professionista specializzato in gestione del lutto, prima di soccombere e vederci avvolti da un circolo vizioso di angoscia e dolore.

Dobbiamo ammettere che non tutti accettiamo una morte allo stesso modo. La mia psicologa mi faceva l'esempio di una famiglia, al cui interno ogni fratello poteva vivere il lutto del proprio padre in maniera completamente diversa. Non si ama di più il defunto se si sta peggio o se si è più tristi più a lungo. Il numero di lacrime non è direttamente proporzionale all'affetto. Quel fare a gara "a chi ce l'ha più lungo" (il lutto, intendo), oltre a non essere sano è una sciocchezza assoluta. Smettiamola di fare paragoni tra i lutti, per favore. E dobbiamo anche smettere di attaccare un'altra persona perché vive questo processo di accettazione in maniera diversa. Bisogna fare uno sforzo per comprendere le possibili cause che portano qualcuno a vivere il lutto in modo diverso, e cercare di aiutarlo nel limite del possibile. Né più né meno.

Sin dal funerale di Antonio io mi sono sentita giudicata da molte persone per il mio modo di elaborare il lutto. Ho avuto l'opportunità di svolgere un lavoro in precedenza, preparandomi insieme a specialisti che mi hanno permesso di affrontare la sua morte. Se fosse stata una morte improvvisa, brusca, senza preavviso, sono assolutamente certa che il mio stato d'animo attuale sarebbe un altro. Penso possa essere un buon esempio la differenza abissale che ho vissuto tra il lutto per mio padre e quello per mia madre. La differenza non sta nel fatto che io all'epoca fossi vent'anni più giovane o meno forte mentalmente, bensì nel fatto che al decesso di mia madre possedevo una conoscenza della morte maggiore e una minor paura.

Mentre con la perdita di mio padre vent'anni prima sembrava che il mondo mi fosse crollato addosso, che non mi sarei mai ripresa da un colpo simile. Da mia madre mi sono invece congedata con amore, godendomi il suo. Oltretutto ho pure sofferto un poco di più sul momento rispetto alla morte di Antonio, ma mi sono congedata augurandole un buon viaggio in pace.

Che io mi faccia vedere felice in un momento difficile non significa che io stia fingendo, che stia recitando né fuggendo dalla mia tristezza. Ho sotterrato mio marito da alcuni mesi, come pensate che mi senta? Tristezza non è il contrario di felicità. Non sono incompatibili, non perché una persona è triste non può anche essere felice. La tristezza è parte integrante del processo di elaborazione del lutto, e in quanto componente naturale, dobbiamo accettarla, smettere di opporre resistenza.

La mia psicologa, Ana, mi dice sempre che non bisogna respingere le emozioni negative. Le emozioni negative servono al nostro adattamento. Dobbiamo accogliere la tristezza, ma senza fossilizzarci su di essa. Non possiamo essere una tristezza ambulante. Si può convivere con la tristezza, ma non è necessario privarci di fare cose che ci piacciono o che ci divertono con le persone che amiamo. Si può essere tristi ed essersi goduti una giornata ridendo senza sosta. Non bisogna sentirsi in colpa per questo, né fare voto di silenzio vestiti di nero per anni interi. La nostra vita non si può trasformare ne *La casa di Bernarda Alba* (opera teatrale di Federico García Lorca che racconta un lutto doloroso, *N.d.T.*).

Generalmente, ho riscontrato assoluta incapacità di affrontare la morte, soprattutto alle pompe funebri, il luogo che per eccellenza è sintomo di questa inefficacia. Il motivo principale di questa incapacità è, come potrete immaginare, la paura.

Alla veglia funebre di Antonio io ero capace di distinguere chi si rivolgeva a me con paura e chi si avvicinava con amore e compassione. E credetemi che non mi sbagliavo. In un anno ho ricevuto condoglianze di ogni tipo, si può dire che ho un master ottenuto con lode in Scienze delle condoglianze. La maggior parte le avrete sentite molte volte: «Mi dispiace tanto», «Non siamo che polvere», «Sono sempre i migliori che se ne vanno», «Che ingiusta che è la vita, con tutti gli stronzi che ci sono al mondo...». Siamo soliti utilizzare frasi fatte perché per dire qualcosa che viene dal cuore bisogna innanzitutto pensare a ciò che sentiamo, cosa ci scatena la morte, e spesso la risposta è: paura. Ci sono momenti in cui in preda al nervosismo diciamo idiozie senza senso. A me hanno detto perfino:

«Pff... Dai, stai su, eh?».

Per poi andarsene. "Dai, stai su." Cosa dovevo rispondere: "Vado a prendere una gru"?".

Questi disastri avvengono semplicemente perché non abbiamo gli strumenti di base per aiutare le altre persone in quel tipo di contesto. Come si suol dire, se quello che stai per dire non migliora il silenzio, allora è meglio starsene zitti. L'unica cosa di cui ha bisogno qualcuno che ha appena perso un proprio caro è di affetto. Una piccola dimostrazione dell'affetto che gli mancherà di quella persona che non c'è più nella sua vita. È così semplice come prendergli la mano, abbracciarlo, baciarlo, accompagnarlo in silenzio. Mostrare amore e compassione, per davvero.

Dall'altra parte mi sono ritrovata con l'estremo opposto: conoscenti alla lontana che sembravano più coinvolti di me, e che si scioglievano come un ghiacciolo tra le mie braccia per quell'amico così buono cui non telefonavano da anni. Non sto esagerando, eh! Mi è successo anche questo. Arrivò anche un uomo che conoscevo appena e scoppiò a piangere tra le mie braccia, e vedendolo molto più colpito di me mi sentii a disagio e mi misi a piangere pure io perché non si sentisse in colpa; mentre lo consolavo a voce bassa gli dicevo:

«Dai, non ti preoccupare...». Poi lui si tranquillizzò. Che grande sostegno, il suo!

C'è anche gente che elargisce dei consigli imperativi, per così dire. Qualcuno mi vide e mi disse:

«Come stai?».

E un'altra persona rispose:

«Come vuoi che si senta, poverina, che pena! Come può stare bene?».

Signora, lasci che sia io a dire come mi sento.

Dopodiché mi misi a piangere, e una donna mi prese per un braccio e mi disse:

«Butta fuori tutto, figliola, butta fuori tutto...».
Mentre un'altra, aggrappata all'altro braccio:
«Non piangere più, figlia mia, non piangere più...».
Potete mettervi d'accordo? Cosa devo fare?

Credo che la filosofia del lutto che mi piace di più sia quella di una mia amica. Più per la salute emotiva che porta con sé, che per la raffinatezza nei modi.

Una volta dissero come condoglianze:

«Che peccato, Mari».

La sua risposta fu:

«Peccato? Un peccato è non avere né la moglie ubriaca né la botte piena!».

Inattaccabile. Quella stessa amica, di cui non spiffero il nome, ha un altro aneddoto che riassume in una frase che io ci ho messo un libro per spiegare. Stavano cremando sua sorella, e siccome le sembrava che ci stessero mettendo tanto chiese all'impiegato del crematorio:

«Come va con mia sorella?».

«Manca ancora un po'» rispose l'impiegato.

Dopo un po', ancora:

«Giovanotto, quanto manca?».

«Molto poco, signora» disse di nuovo.

Stufa di aspettare, urlò direttamente al forno crematorio:

«Carmen, tesoro, ma quanto ci metti, per Dio! Ma eri bagnata o cosa?».

Se questo non è perdere la paura della morte...

Un fatto che mi sembra curioso è che, da quando ho rilasciato l'intervista a *Sálvame* nei mesi dopo la morte di Antonio, continuano a regalarmi libri di autoaiuto. Io vi ringrazio di cuore e capisco che siano gesti di affetto, ma mi vedete messa così male? O mi sono spiegata proprio di merda? Ma se l'ho voluto fare per condividere la mia esperienza, il mio aver imparato a parlare della morte in maniera naturale, senza paura, con amore... Per favore, non mandatemi più libri di autoaiuto, mi sto già autoaiutando da sola giorno dopo giorno. Mi fa piacere sentirmi così amata, ma davvero non so più dove metterli. Alla fine mi verrà regalato il mio stesso libro perché possa trarre spunto da qualcuna che è passata da una situazione simile alla mia.

Libri a parte, le persone mi hanno regalato qualsiasi tipo di visioni e sogni con Antonio. Non sapete quanta gente lo ha sognato! Uno che lo vede in costume da bagno, l'altro in completo elegante... Sembra che ormai non sia più solo l'uomo dei miei sogni. Adesso che è morto va con tutte. Ha preso alla lettera il "finché morte non vi separi".

Una donna mi raccontò che le era comparso in sogno e le aveva detto che non se ne era andato, che era ancora tra noi per via di due donne... Per farla sentire in colpa e ridere un po', feci un'espressione drammatica e le dissi:

«Ecco, proprio come sospettavo: aveva l'amante...».

La poverina non sapeva come scusarsi e ripeteva di essere sicura che fosse per me e per sua figlia. E io continuai:

«Quello stronzo, solo perché non lo posso più ammazzare, altrimenti avremmo fatto i conti...!».

Un giorno, la regista della trasmissione *Got Talent* mi disse che, dopo la sua esibizione, avrebbe voluto parlare con me una concorrente la cui abilità era stata quella di lanciare delle frecce (per inciso malamente, non ne aveva centrata manco mezza). Quando arrivò, vestita con il classico costume da lanciatrice di frecce, cioè con le prime cose trovate nell'armadio, ci presentammo, mi diede una freccia e mi disse che aveva sognato Antonio. Ma guarda te questo Antonio che è ovunque tranne dove dovrebbe essere... Quando era apparso, le aveva chiesto che io andassi a cercare su internet "cosa significa il numero due" e che mi ricordassi che lui mi chiamava ancora in quel modo che solo lui e io sapevamo. Non mi disse come, ma solo che noi lo sapevamo e lei no.

«E la freccia?» le chiesi.

«Perché mi ha detto di darti la freccia numero due. Perché io ne ho lanciate tre, e questa è la due.»

Fine.

La gente mi fa impazzire. Ci sono due frasi che giuro che mi fanno venire voglia di mandare a stendere chi me le dice. Una è: "Poverina, è così sola adesso". Poverina, io? Se scorrendo la rubrica chiedessi a qualsiasi amica, amico o a mia figlia: «Vieni con me un weekend sull'Himalaya?» starebbe già facendo la valigia.

Di provare pena per me perché sono "sola" non se ne parla! Questa società ha il terrore della solitudine, non sa stare da sola. Anche a me succedeva, all'inizio. Vedevo coppie felici intorno a me e mi sentivo incompleta, vuota. Ciò nonostante, tornavo a casa e mi sedevo a meditare, e la conclusione cui arrivavo era che tutte e tutti siamo soli da quando nasciamo a quando moriamo. Non c'è nulla di più salutare che imparare a stare in solitudine. Stare bene con se stessi. Prima riusciamo a godere della nostra compagnia meglio è perché, nel bene e nel male, è per tutta la vita. La solitudine è una bella cosa. La solitudine non è un fallimento, non è motivo di vergogna. Oltre a essere utilizzata con una connotazione negativa, funesta, di solito la si associa erroneamente con l'essere single, e si usano entrambe le espressioni come se fossero sinonimi. Perché è così necessario essere in coppia se conosciamo persone che hanno partner che le fanno sentire più sole di tanti single? Per non parlare della visione totalmente iniqua tra le donne single e gli uomini single. Nel primo caso si tratta di zitelle, nel secondo invece di scapoli d'oro. Sempre così, dalla notte dei tempi.

L'altra frase che non sopporto è: "Antonio è morto dopo una lunga lotta contro il cancro". Il cancro non è una guerra, è una malattia, vediamo se ce lo mettiamo in testa. Capisco che *combattere la battaglia del cancro* sia una metafora molto vistosa, come uno slogan di una campagna pubblicitaria, ma questo linguaggio bellico può diventare un'arma a doppio taglio per pazienti e familiari, se si comincia a perdere. *La lotta contro il cancro* è l'ennesima frase fatta del nostro vocabolario quotidiano portata alla sua massima espressione dai mezzi di comunicazione specialmente se la malattia è contratta da una persona famosa, in modo da esasperare il tono solenne della notizia.

Dal momento che le situazioni e le condizioni patologiche sono tutte diverse ed è impossibile quindi paragonarle, il cancro però ha uno status a sé. A quanto pare è l'unica malattia che possiamo combattere. Nessuno ha mai sentito dire:

«Guarda Juan, laggiù, da mesi è impegnato a combattere la sua lotta contro le emorroidi. Che persona esemplare...».

Ciò nonostante, con le guerre si usa qualsiasi eufemismo per ammorbidirne la crudeltà: conflitto, missione di pace, occupazione... O il mio preferito, *pulizia etnica* al posto di genocidio, per farlo sembrare una specie di trattamento estetico per avere la pelle del viso più morbida.

Il cancro è una malattia provocata dalla mutazione, la crescita e la diffusione incontrollata di cellule nel nostro organismo e, nonostante i miglioramenti che possono verificarsi con diagnosi e terapia, esso non sempre risponde nel modo sperato. In realtà, ci sono tumori che al momento della diagnosi sono già così avanzati che non esiste una cura possibile. Anche loro hanno perso una battaglia o piuttosto è piombata loro addosso direttamente una bomba atomica? Nel processo di evoluzione del cancro, che ci piaccia o no, esiste una risaputa percentuale di casualità, e a mio giudizio la metafora della battaglia non lo considera. Questo linguaggio di guerra può essere un inutile carico aggiuntivo di responsabilità per il paziente durante la terapia, che può portare alla frustrazione personale nel caso il corpo non risponda alla stessa. Ci sono medici che suggeriscono termini come *vivere* o *convivere* con il cancro, per mitigare quella possibile sensazione di fallimento davanti a possibili imprevisti.

Antonio non ha perso la battaglia contro il cancro. Il fatto che sia morto non vuol dire che non abbia lottato a sufficienza, o che abbia gettato la spugna. Ha sopportato dolori tremendi, effetti collaterali di ogni genere, ha convissuto consapevolmente con la perdita progressiva delle funzioni cerebrali ed è morto con la più grande dignità che si possa dimostrare davanti alla morte. È morto in pace nel suo letto, nella sua stanza, lasciandosi andare, accettando la morte dopo un lavoro psicologico fenomenale, circondato dalle persone che lo amavano.

16

TES QUIERO MAY LOF

I giorni delle visite oncologiche di controllo per ricevere i risultati degli esami non sono giornate come le altre. Sono segnati con l'evidenziatore sul calendario della cucina e con paura e incertezza nel cuore. Durante le ore precedenti si svolgono più conversazioni vuote, e si ha meno appetito del solito. Una sola domanda, in tutte le forme possibili, non smette di rimbalzare sulle pareti del cranio come una pallina da ping pong. Sarà oggi il giorno? Sarà oggi il giorno in cui mi diranno che sto morendo? Sarà per me il proiettile della pistola con la quale mi hanno obbligato a giocare alla roulette russa? Fisseranno in calendario finalmente la data esatta di quando dovrò salire al patibolo?

E come l'arrivo della notifica di sfratto, ti avvisano che la malattia si è allargata superando un punto di non ritorno, e nell'arco di qualche mese bisogna liberare il corpo. Non esiste un trattamento efficace riconosciuto per salvargli la vita. La scienza arriva fino a qui. Ora si può solo attendere e attenuare i dolori con farmaci e ancora farmaci. Prima o poi arriva per tutti questo giorno, per quanto possiamo cercare di evitarlo, ed era arrivato per Antonio.

Dopo mesi di effetti collaterali di una chemioterapia devastante, dopo attenzioni al minimo dettaglio, dopo aver seguito tutti i consigli e anche di più, semplicemente, gli era capitato. Quando succede questo e penso a quanto ha sofferto, non so se sia valsa la pena di quella terapia finale o se invece sarebbe stato meglio trascorrere quell'ultimo atto della tragicommedia preparandosi alla morte.

Arrivati a quel punto mi restavano solo due opzioni: o arrabbiarmi perché alla fine il mio biglietto non era quello vincente, oppure accettare la sfortuna e godere di ogni singolo minuto che mi restava con l'amore della mia vita e aiutarlo a morire in pace. Nel mio caso, grazie al lavoro svolto in precedenza, scelsi la seconda. Nonostante il dolore di quella situazione, cercai di nascondere agli occhi di Antonio qualsiasi barlume di tristezza per essere di sollievo alla sua angoscia e possibile paura, proprio come avevo imparato con Enric.

Ci diedero la notizia a febbraio, proprio prima dell'inizio dell'isolamento imposto per frenare l'avanzamento del Covid-19. Sono consapevole che quei mesi non siano stati facili per moltissime famiglie, ma per me, che sono un pelo egoista, devo dire che la reclusione in casa è stato un vero e proprio regalo. Era come se il mondo si fosse fermato perché potessi prendermi cura di lui. Io pregavo il cielo: *Per favore, Pedro Sánchez* (presidente del governo spagnolo al momento dello scoppio della pandemia, *N.d.T.*), *allunga la quarantena di una settimana ancora.* Ci siamo chiusi in una bolla. Nessuno poteva entrare, nessuno poteva uscire. Grazie alla fortuna di avere tutto quello che mi serviva, quel tempo senza dover andare a lavorare per cause di forza maggiore, senza impegni di nessun tipo, l'ho dedicato esclusivamente ad Antonio. Da quando mi svegliavo fino a quando andavo a dormire mi prendevo cura di lui, minuto per minuto, riversando su di lui tutto l'amore che avevo, fino all'ultima goccia.

«Ciccio, vuoi mangiare qualcosa?»

E mangiavamo qualcosa.

«Ciccio, ci buttiamo sul divano?»

E ci buttavamo sul divano.

Mi sento fortunata, non mi posso lamentare. Nonostante tutto il dolore patito e il vuoto che ha lasciato, sono fortunata.

Ho trascorso fino all'ultimo secondo con lui in casa nostra, senza bisogno di andare in ospedale, dove non sarebbe morto allo stesso modo, per quanto il team del centro medico possa essere amorevole e gentile. A prescindere da come si vuole vivere questo percorso, dovete sapere che i servizi sanitari di cure palliative in questo paese funzionano alla grande. Sono coinvolti sin dal primo giorno, chiamano periodicamente per accertarsi dello stato del paziente, con assistenza a domicilio per qualsiasi contrattempo che i familiari non sanno risolvere e arrivando all'istante con un'ambulanza a fronte di urgenze mediche che necessitano di un trattamento ospedaliero. Sono disponibili a sciogliere qualsiasi dubbio con infinita pazienza e tenerezza, e ti informano su cosa fare in ogni tappa del processo. Un autentico lusso.

Nel caso di Antonio, ho avuto anche l'opportunità di assumere un infermiere per le cure a domicilio. Una persona squisita, che mi ha aiutata soprattutto a muoverlo, pulirlo e somministrargli i farmaci nei suoi ultimi giorni, quando aveva perso la capacità di camminare da solo. Antonio era alto uno e novanta e pesava quasi novanta chili, non riuscivo ad alzarlo da sola. È stato presente su tutto, mi ha anche sopportata quando ironizzavo con Antonio nei suoi ultimi giorni.

«Su, Antonio» gli dicevo scherzando, «qua c'è l'infermiere che ti piace... Sì, non fare lo gnorri, ho notato che sei tutto ringalluzzito quando arriva, come lo guardi... Non mi dire che alla fine sei gay, che peccato essertene accorto solo ora...»

Quella è stata l'unica medicina che ho potuto somministrargli: umorismo e amore. Moltissimo amore. Non so quante volte io gli abbia detto "ti amo". A volte glielo dicevo senza neanche rendermene conto, altre volte glielo ripetevo cinquanta volte, a mitraglietta. Ti amo e grazie, quelle due parole che, secondo il buddhismo, sono la base per trascendere in pace.

«Grazie per avermi resa così felice, tesoro. Grazie di cuore. Ti amo, vita mia.»

E non so quanti milioni di baci io possa avergli dato. Non ne ho lasciato neanche uno in canna, sapevo che me ne sarei pentita se non gliene avessi dati il più possibile.

L'unica cosa di cui mi pento è di non essere stata sincera con lui.

Prima della sua ultima settimana di vita, Antonio venne ricoverato per alcuni giorni, e curato con corticosteroidi ad alto dosaggio in endovena. Le nostre conversazioni erano ogni volta meno profonde. La sua corteccia cerebrale non produceva più lo stesso numero di connessioni, non lavorava più come prima. Dopo quella terapia, si riprese del tutto. Prima del rapido declino finale, come per magia, tornò a pensare con chiarezza e riuscimmo ad avere di nuovo conversazioni arricchenti. In quei giorni, nei quali aveva recuperato consapevolezza di ciò che gli stava succedendo, mi chiese in diverse occasioni, nel pieno delle sue facoltà:

«Paz, non sto bene, vero? Sto morendo, giusto?».

Credo sia stato quello il momento in cui iniziò a preparare le valigie per il suo viaggio. Gli sono state fedele e sincera durante tutta la vita, tranne in quel momento. Non fui capace, non riuscii a dirgli in faccia la verità. Non ebbi il coraggio o l'empatia per parlare con lui di quel processo che si stava avvicinando, e poterlo così accettare insieme. Non so se avessi paura di fargli del male o se in realtà fosse egoismo e avessi paura che fosse doloroso per me. Davo sempre risposte molto evasive:

«Antonio, non dire così, non bisogna trarre conclusioni affrettate. Siamo nel mezzo del percorso e non si può mai sapere...».

Sì che lo sapevo invece, e Antonio avrebbe meritato che io fossi sincera con lui. Ma io ero capace solamente di annuire tra le lacrime, quando si rigirava nel letto e potevo pensare: *Sì, stai morendo, tesoro*. Per favore, voi non commettete il mio stesso errore. La cosa più simile alla sincerità che riuscii a esprimere fu un ingenuo girare intorno alla questione per proporgli un accordo.

«Ciccio, se tu o io moriamo, perché io sappia che ti stai manifestando o perché tu riconosca una mia apparizione dobbiamo far sentire i nostri profumi, ok?»

«I nostri profumi? D'accordo.»

«Sì, non spostare quadri e non buttare caraffe per terra, perché a parte maledirti per averli rotti, è la volta che Resty fa le valigie e se ne va da casa terrorizzata.»

Se è vero che la morte è solo una tappa, un liberarsi del corpo materiale, un nuovo modo di essere a un altro livello di energia, dovrebbe esserci una parola d'ordine che ci permette di tenerci in contatto. Siccome abbiamo già visto che perfino la fisica quantistica non smentisce questa teoria, secondo me, se succede, allora è una manifestazione della sua presenza.

Negli ultimi sei giorni di vita, siamo andati in vacanza a Bora Bora. O almeno a me è sembrato così.

Quando la sua morte era già imminente, siamo rimasti da soli per salutarci con tranquillità. Sono stati dei giorni meravigliosi. Come mi aveva suggerito Enric, preparai l'ambiente affinché Antonio si lasciasse andare con la maggior armonia e tranquillità possibile. Luce tenue, incenso, musica rilassante di sottofondo, fiori in tutta la stanza, il cinguettio di alcuni uccelli in giardino e tutto l'amore che potevo dargli. Non mi poteva più rispondere, ma sapevo che in quello stato la sua coscienza era intatta. Era provato. Gli parlavo con naturalezza, con serenità, con più pause del solito, ma senza paura. Antonio continuava a essere Antonio, con la differenza che ormai non poteva più comunicare con me. Gli ricordai di quanto mi avesse resa felice, i bei momenti trascorsi insieme, e gli dissi ti amo senza sosta. Potevo restare per ore al suo fianco, annusando il suo odore, la sua pelle, mettendo la sua mano sul mio petto e la mia mano sul suo, per sentire l'uno il battito dell'altra. Fui capace di essere sincera solo in quel momento.

«Ciccio, ti ricordi quando mi avevi chiesto se stessi morendo? Ormai tu lo sai, vero?» gli dissi, mentre le lacrime cadevano senza sosta.

Meglio tardi che mai, pensai. Antonio annuì con serenità.

«Perdonami, non sono stata coraggiosa. Non ho avuto il coraggio di dirtelo. Puoi perdonarmi, per favore?»

«Ma certo» furono le ultime due parole che riuscì a pronunciare. Una breve assoluzione, carica di amore e compassione.

Alcuni giorni più tardi, quando il momento di andare era imminente, mi sdraiai tra le sue braccia, come avevo già fatto migliaia di volte. Gli accarezzai il petto e gli sussurrai:

«Ecco, tesoro, ecco. Ora devi andare. Ti amo, ti amo,

io starò bene, staremo tutti bene. Non preoccuparti, grazie. Ti amo».

Alcuni minuti dopo la morte di Antonio ci riunimmo intorno al suo letto con mia figlia, mia sorella, mia cognata, mio genero e Resty. La mia cagnolina, Martina, in un attimo saltò sul capezzale e si posizionò tra le sue gambe, guardandolo fisso. Io restai abbracciata a lui, tutti ci prendemmo la mano e ci abbracciammo, augurandogli buon viaggio.

A seguire, chiamammo i nostri amici più intimi e ci riunimmo in giardino per brindare alla sua, o meglio, ora che conoscete la mia idea di morte, al suo *andare oltre*. Brindammo al suo riposo, alla sua persona, alla sua bontà, all'amore che provavamo per lui e per quanto ci aveva resi felici in vita. Mia figlia Anna risollevò gli animi con una battuta:

«Mamma, noi sappiamo come concepisci tu la morte e sappiamo quanto tu lo amassi, ma se arrivano quelli dell'ambulanza e ci vedono qua che brindiamo penseranno che lo hai asfissiato con un cuscino per tenerti i suoi soldi».

Chiamai la sua famiglia e i suoi amici, e vennero a salutarlo anche i suoi parenti più stretti. Gli operatori dell'ambulanza arrivarono qualche minuto dopo e, in parte, come aveva predetto mia figlia, avevano sicuramente un atteggiamento diverso dal nostro. Sguardi tristi, musi lunghi, affranti. Immagino sia ciò che si considera normale in queste circostanze, credo lo facciano per deformazione professionale, e come era logico loro furono sorpresi di vedere le nostre espressioni tranquille. Il contrasto era tale che non capivo nemmeno ciò che mi stavano dicendo.

«Magari vuole un Lexotan?» mi chiese l'infermiera.

«Per cosa? Tanto è già morto, no?» risposi indicando Antonio.

«Ma no, intendevo per lei.»

Qualche minuto prima che lo portassero via verso le pompe funebri mi diedero l'opportunità di congedarmi da lui. Baciandolo per l'ultima volta, la sensazione fu più fredda di quanto immaginassi. La guancia che avevo appena baciato non era quella di Antonio. Era simile, ma non era lui. Era come baciare un oggetto inanimato. Lì compresi veramente il lavoro fatto con Ana sul piano teorico. La sua carne, le sue ossa, la sua pelle erano solo una custodia, non erano mio marito.

Furono questi stessi amici ad aiutarmi a fare una pulizia profonda con candeggina della camera da letto. Buttammo le scatole di medicinali, i pannoloni, le bombe di morfina, togliemmo il letto con rete elettrica snodabile per poterlo donare a chi ne avesse avuto bisogno... Mi avevano detto che era necessario lasciare la stanza immacolata per eliminare le cattive energie e restare con un bel ricordo. Congedai i miei amici e preparai la valigia per andare a Cadice il giorno seguente, al suo funerale. Dovevamo essere alle sei del mattino alle pompe funebri per preparare il corpo al viaggio. Allora, non è che lo dovessero incellofanare, ma necessitava di una sistemazione in un veicolo speciale, dato che la bara avrebbe dovuto percorrere un tragitto di più di sei ore.

Qualche giorno prima avevo dovuto scegliere la bara tra una serie infinita di possibilità offerte dal catalogo. Forse quello fu il momento più scioccante di tutto il processo. Nel caso di mia madre ero stata supportata dai miei fratelli. Fu un compito che svolgemmo in compagnia e dopo la sua morte. In mogano, in legno di pino, in mogano ma tre volte più costoso perché rivestita di tessuto imbottito e non so quali dettagli in oro... Ci mancava solo il coperchio a sollevamento elettrico e il GPS incorporato casomai avesse voluto uscire da lì. Mi sembrò tutto così freddo, angosciante. Oltretutto sono Paz Padilla, una donna famosa... Cosa faccio, spendo un patrimonio per una cosa che considero assurda o vado con la più economica, rischiando che la gente dica in giro che Paz Padilla è una tirchia? Diciamo che il fatto che l'impresa di pompe funebri portasse delle mascherine con i teschi sopra non era d'aiuto. Mia figlia disse:

«Ehi, mamma, ma hai visto le mascherine? Questo sì che è *marketing*».

Tutto era davvero surreale. L'impiegata che ci ricevette, immagino per prendere nota dei dettagli per il viaggio a Cadice, mi chiese dall'altro lato dello sportello:

«Vuole che lo vestiamo in qualche modo specifico per farlo apparire meglio?».

«Per farlo apparire meglio? Ma hai visto che figo che è? Per farlo apparire meglio lascialo mezzo nudo» risposi con spontaneità a una persona che restò pietrificata.

Quando finii di preparare i documenti, la valigia, le cose di Martina, la mia cagnolina, di parlare con familiari e amici per telefono, mi sedetti da sola in giardino e mi ricordai di quella conversazione. Non solo mi tornò in mente quell'immagine. Fu impossibile frenare l'alluvione di ricordi di Antonio alla sua morte: le urla di dolore, le contorsioni, gli occhi senza vita di colore grigio opaco nei suoi ultimi giorni, la veloce diminuzione del diametro delle sue braccia. Cominciai a piangere e a urlare, sentendo un dolore indescrivibile che per fortuna solo pochi di voi avranno sentito. Piansi tutto quello che si è soliti piangere nei giorni seguenti, ma concentrato in un breve lasso di tempo. Sembrava che stessi morendo io, come se tutto stesse finendo in quel momento. Caddi sul prato, mi rompevo in mille pezzi.

«Dove sei? Dove sei, Antonio? Dove te ne sei andato, Antonio?» queste parole uscivano dalla mia bocca sotto forma di urla strazianti come mai avevo sentito pronunciare a nessuno, colme di dolore.

Mia figlia Anna arrivò correndo per abbracciarmi e restare con me, senza dire niente, accompagnandomi nel mio dolore.

Il giorno seguente mi avrebbe confessato che le urla erano sicuramente arrivate alle orecchie di tutto il vicinato. E all'improvviso mi venne addosso una ventata di quell'odore fortissimo che mi fece tremare dalla testa ai piedi. Era il profumo di Antonio, non riuscivo a crederci.

«Ah, ciccio, sei qui! Sei qui! Lo so!» dissi guardando il cielo scuro. Nella mia testa sentii la sua voce, distintamente, che mi disse:

«Paz, sei stata bravissima, anch'io ti amo».

Mi diede una serie di messaggi perché io potessi trasmetterli a sua figlia, alla sua ex moglie, a sua madre e a mia figlia durante il funerale. Tutti pieni d'amore, per mandare giù il boccone amaro con la più grande positività possibile.

«Devi essere felice, devi essere forte, Paz. Ci incontreremo di nuovo. Tutto quello che arriva ora è un momento sociale: il funerale, la sepoltura... Tu e io ci siamo già congedati.»

Una sensazione di benessere e di pace inspiegabile mi invase, dopo averlo sentito vicino a me e aver sentito la sua voce. Guardai mia figlia, calma come se fossi il Dalai Lama, e mi disse:

«Mamma, che spavento, stai bene? Mi stai facendo paura».

«Molto bene, Anita, è che Antonio mi ha parlato.»

«Ah... Vabbè, ok, se lo dici tu. Dai, andiamo a stenderci» mi disse mentre mi abbracciava e mi accompagnava in camera da letto.

Ringraziai mia figlia per essere una persona così splendida e mi misi a dormire nello stesso letto in cui mio marito era morto qualche ora prima. Ciò nonostante, non fu per nulla un'esperienza traumatica: non avevo paura. Ero rimasta così tranquilla dopo le sue parole che dormii come una bambina, per quanto strano possa sembrare. Felice che il mio ciccio finalmente potesse riposare dall'agonia. «A posto, Paz, bisogna riposarsi, domani avvisi tutti quanti e parli con tutti quanti.» Sapevo che il funerale e la sepoltura erano per gli altri, non per me. Un protocollo sociale stabilito dalla nostra cultura per congedarsi, pensato per chi non ne aveva avuto l'opportunità.

Ancor più doloroso del funerale e della sepoltura fu liberare la casa dai suoi vestiti qualche giorno dopo. Avevo bisogno di farlo per accettare la sua assenza. Era il modo di finire, di chiudere un processo. Significava tanto per me, che abbracciavo i suoi vestiti quando rientravo dal lavoro e piangevo per ore. Insieme a mia sorella Loli, distribuimmo gli abiti in scatole di cartone, per dividerle poi tra i suoi fratelli, i miei, il fidanzato di mia figlia, qualche amico che potesse avere i suoi stessi gusti e la sua taglia, e associazioni di persone che potessero averne bisogno. Conservai solo un paio di canottiere e un pigiama. Piangevo, dicendo:

«Ciccio, i tuoi vestiti...».

Una volta finito, chiesi a mia sorella un momento per meditare da sola, ed ecco che comparve di nuovo il suo odore e la sua voce dentro di me, per dissipare ogni nebbia, dicendomi che non aveva bisogno di nulla, di nessun oggetto. Erano solo cose, e le cose non hanno né vita né importanza.

La messa della sepoltura venne celebrata, come da suo desiderio, nella chiesa di Zahara de los Atunes vicina al cimitero dove fu seppellito. Io volevo trasmettere alle persone intorno a me il mio sentimento d'amore, di speranza e l'idea che, nonostante la tristezza, non era necessario soffrire più del dovuto.

Vi lascio qui il discorso che tenni in chiesa. Anche se alcuni frammenti sono già comparsi nel libro, credo che sia il modo più fedele di descrivere il mio stato d'animo in quel momento.

Mi piacerebbe dire qualche parola, visto che è ciò che faccio nella vita. Se fossi scultrice gli dedicherei un busto, se fossi pittrice gli farei un ritratto, ma sono una comica e la cosa che so fare meglio è parlare. In primo luogo, vorrei ringraziare tutti e tutte voi per essere qui a salutarlo e per essere parte della sua vita. Oggi ha iniziato il suo viaggio più appassionante, dei pochi viaggi che si possono fare in tempi di Coronavirus.

La vita non è ciò che ci resta da vivere, bensì ciò che abbiamo vissuto, e lui lascia una grande eredità. Una grande eredità che non è un grande testamento. Durante il suo primo ricovero, in seguito alla diagnosi della malattia, mi svegliò molto angosciato alle otto del mattino, per dirmi che l'infermiera gli aveva comunicato la sera prima che lo avrebbero operato la mattina stessa. Mi disse che quando aveva appreso la notizia, visto che l'intervento era ad alto rischio, aveva scritto il suo testamento e me l'aveva mandato via email. Quando chiesi spiegazioni all'infermiera, mi disse che c'era stato un malinteso, che non lo avrebbero operato quel giorno, ma mi fermai a pensare: *Testamento? Cosa possederà mai mio marito?* Nei film ho sempre visto che si scopre solo dopo la morte che il marito aveva un conto segreto ed era milionario. Allora apro la mail, voglio proprio vedere se è ricco...

Anche se scritto sotto l'effetto dei farmaci, il testamento era perfettamente comprensibile.

Iniziava così: "Mari Paz, domani mi operano. Casomai dovesse succedermi qualcosa, devo dirti che l'auto è dal meccanico, è molto vecchia, puoi regalarla a qualcuno, perché non credo ti daranno nulla. Anche la moto è dal meccanico. Di' al mio amico Oscar che la smembri e venda i pezzi, o che se la tenga lui. Mi mancano ancora trent'anni di rate del mutuo, al momento ho abbastanza soldi per pagare due mesi. Invece la Vodafone che sono sessantasei euro al mese, quella è già pagata".

Immaginate la mia faccia quando la lessi. Ma questo non è un testamento, è un lascito di debiti! Dove sono i Rolex d'oro e il denaro sporco? Il resto furono delle splendide parole d'amore per me e per la sua famiglia: "Tanti baci, Mari Paz, mia moglie, colei che più amo e amerò. Sei stata la mia fortuna più grande. È magia, il nostro amore sarà impossibile da dimenticare. I viaggi, le risate, le persone speciali che mi hai fatto conoscere. Godere del tuo affetto è stata una fortuna inimmaginabile. Suppongo che esisteranno altre persone magnifiche come te, ma io davvero non ne ho mai incontrate. Nessuno si è goduto così tanto la vita come ho potuto fare io. Ti amo ❤😘💕. Non mi stancherò mai di amarti né di scriverlo in eterno. Desidero che tu sia molto felice, e che tu possa godere di tutto ciò che vivrai e delle nuove persone che incontrerai. Andrei avanti tutta la notte a scriverti che ti amo, amo le nostre figlie, le nostre famiglie e i nostri amici. Ti mando tutto il mio amore e affetto. Ti amo".

Lascia una grande eredità di padre alla figlia, che amava con tutto il cuore, e ha fatto tutto il possibile perché stesse sempre bene.
È stato un bravo figlio, un buon fratello e un immenso amico, anche se non dava in prestito neanche il tagliaerba. Un fantastico sposo e il miglior amante. Come mi pento di tutte quelle volte in cui gli ho detto di avere mal di testa! Era così bello e forte... Gli angioletti si staranno fregando le ali vedendolo arrivare.

C'è chi vive senza sapere che morirà, e c'è chi muore senza sapere di aver vissuto. Lui ha avuto una vita felice, soprattutto negli ultimi anni perché ha trovato me. Sto scherzando, ma è vero che la vita ci ha dato una seconda possibilità. La prima volta l'ho lasciato io, la seconda lui ha lasciato me. Certo che il signorino era piuttosto rancoroso! Se l'era legata al dito...

Il destino ci ha uniti di nuovo, e abbiamo vissuto l'amore più grande e puro che si possa vivere.

Dicono che la vita sia come una marea che a volte porta a riva cose belle e a volte le porta via con sé.
La vita me l'ha portato e oggi se lo trascina via. Si porta via il suo corpo, perché la sua anima e la sua essenza sono ancora qui con noi. Siamo tutti in questo percorso, e tutti faremo questo meraviglioso viaggio, prima o poi. Non dobbiamo essere tristi, perché semplicemente lui se ne sta andando prima e lo ritroveremo prima o poi. E per i più agnostici, se non dovesse succedere, almeno ce ne andremo allo stesso modo e nello stesso posto.

Ha dato a tutti noi una lezione su come approcciarsi alla fine della propria vita. Facendo ciò che era nelle sue possibilità fino alla miglior soluzione possibile, accettandola alla fine. Soprattutto mi ha lasciato due tesori dal valore inestimabile: un amore immenso e non avere paura della morte. È morto in casa, nel suo letto e tra le mie braccia. So che ci incontreremo di nuovo, ci abbracceremo e ci daremo quei baci infiniti dove tutto spariva. Grazie per avermi accompagnata lungo la mia vita. Per avermi amata e per esserti preso cura di me come mai nessuno. Per avermi riconciliata con l'amore. Per aver risposto "sì, lo voglio" tutte le volte in cui ti ho chiesto se mi volessi sposare.

Una persona che mi ha aiutata nel momento di dover accompagnare Antonio verso la trascendenza mi ha detto: «C'è un tempo per amare, un tempo per ridere, un tempo per dimenticare, un tempo per piangere». Che ognuno viva il proprio tempo: io però lo vivrò come sarebbe piaciuto a lui, ovvero con amore.
Dobbiamo imparare a goderci il qui e ora. E, succeda quel che succeda, a non perdere la voglia di vivere. So per certo che è ciò che Antonio vorrebbe.

E visto che gli piaceva tanto la serie *Vikings*... Antonio, ci vediamo nel Valhalla!

Alla fine del discorso, la mia amica Susana cantò a cappella il famoso bolero di Bobby Capó reso celebre dai Los Panchos, dal titolo *Piel canela*.

Per completare la cerimonia, alcuni di noi ballammo

la stessa coreografia con la quale eravamo entrati al ricevimento del nostro quarto e ultimo matrimonio, la canzone *Manos pa'rriba*. Un'iniezione di gioia e vibrazioni positive. La canzone finì, applaudimmo, ci abbracciammo e piangemmo tutti insieme. Alla fine, mentre tutti uscivano dalla chiesa, il parroco, un uomo con un grande senso dell'umorismo, si avvicinò per dirmi qualche parola:

«Non avevo mai visto così tante persone atee ascoltare con attenzione quello che viene detto da lassù».

«Non è stato un discorso molto normale, non è vero, padre?» gli chiesi.

«No... È stato proprio come te. Tu sei normale?»

«No, in effetti no.»

«E allora a posto, è stato un discorso alla tua maniera, Paz...»

Aveva ragione, non l'avevo visto da questa prospettiva. Io sono sempre andata un po' controcorrente, sin da bambina. Costruisco il mio percorso senza paragonarmi troppo agli altri. Un percorso spesso poco ortodosso, ma puro, esclusivo, unico. Adoro vivere la vita, godere di ogni secondo. Qualsiasi piccolo successo diventa una scusa per festeggiare con le persone che amo. Non solo ho organizzato una festa in casa nel mio giorno del parto, ma anche quando ho divorziato o quando tutta la classe di mia figlia ha fatto la comunione e lei no, anche in quell'occasione abbiamo festeggiato, perché no? Il colmo era stato aprire il bar Los Tunantes de Villa con mio nipote e la sua compagna nel paesino dove vivo, Villaviciosa de Odón, per avere una scusa per fare feste ogni settimana e non dover mettere a posto dopo. I momenti di gioia che abbiamo condiviso con Antonio in quel bar non hanno prezzo.

Da quando ho memoria, mi è sempre piaciuto celebrare la vita, la salute, l'amore verso la mia famiglia, i miei amici e le mie amiche, colleghe e colleghi di lavoro, e infine tutta la gente stupenda che mi circonda. E quest'anno ho anche imparato a celebrare la morte. A non temerla neanche un po'. Ad accettare l'inevitabile corso della vita. Ad accompagnare nel proprio viaggio le persone care, con amore. Un amore puro, candido, inesauribile. A volermi bene e a prendermi cura di me. A godere del più piccolo dettaglio di bellezza e di bontà dell'immediato presente. E ciò che l'esperienza mi ha insegnato è che, per poter imparare tutto questo, l'unica cosa che non devi dimenticare è ridere.

So che le mie parole vi suoneranno strane ancora una volta, ma la sepoltura è stata bellissima. Bellissima nel senso più emotivo. Sentire che così tante persone gli volevano davvero bene è un raggio di luce in una giornata nuvolosa e piovosa.

Mi piacerebbe che anche il mio funerale fosse così, che i miei congiunti la prendessero come una festa in omaggio alla vita. Ho lavorato tanto per perdere la paura di morire, e per far sì che la mia sia una bella morte, perciò tutto quello che mi resta è che la gente che amo viva con allegria le mie esequie.

Mentre camminavamo verso il cimitero tolsi i fiori dalle corone che gli avevano regalato, perlopiù rose di diversi colori, per darne una a ogni partecipante per ricordo. Preparai per me un mazzo di rose rosse, che ho lasciato seccare e che ho messo a testa in giù all'ingresso di casa. All'uscita, ricordai il vecchio proverbio che mia sorella Loli ripeteva alla sepoltura di mia madre: "Chi va a seppellire e non beve vino, è il suo prossimo cammino". Quando lo dissi a voce alta, con i familiari e gli amici più stretti ce ne andammo in un bar a bere una birretta – naturalmente nel rispetto delle normative Covid – e poi in un ristorante per mangiare qualcosa insieme. Perché un conto è che io non abbia più paura della morte, un altro che abbia fretta di farla arrivare.

Mio fratello Luis ha aperto il suo chiringuito, El Trompeta, per ammirare il tramonto di Zahara de los Atunes che non ha nulla da invidiare a quello delle Maldive. Dandoci la mano ballammo insieme, mentre in sottofondo suonava *Tes quiero may lof* della band La Canalla. La canzone che avevamo scelto per il nostro primo e ultimo ballo di nozze, la nostra canzone. Alla fine piangemmo ancora per l'emozione, abbracciati, pieni di gratitudine, augurandoci salute, allegria e dicendo che ci volevamo bene. Se Antonio c'era, sono sicura che si sarà sentito totalmente amato e orgoglioso, e sarà stato felice di vederci bere la vita e festeggiare.

Penso ad Antonio ogni giorno della mia vita. Ovviamente piango per la sua assenza, è inevitabile, mi manca tanto, ma si può dire che piango d'amore. Conservo un ricordo felice. Ho imparato a trasformare un ricordo angosciante, doloroso, in uno bello. Perciò piango, certo, ma perché sono consapevole di quanto mi abbia resa felice. Se vedo una sua foto, non gli chiedo più «Dove sei?», «Perché te ne sei andato?», ma piuttosto gli dico: «Che bello che eri, ci credo che fossi pazza di te. Che figo!».

Non bisogna nascondere il dolore o il pianto, sono processi naturali. Ricordo che da bambina, mi riferisco a quando avevo più o meno dodici anni, mi piaceva giocare con le bambole. "Da bambina" è un modo di dire, visto che ero già alta quasi uno e sessanta. Il giorno della mia comunione, il prete della parrocchia arrivò a dirmi, visto che ero così alta:

«Allora stamattina sei qua per la comunione, e nel pomeriggio vieni per il matrimonio».

Per la mia statura, mio padre diceva che ero troppo grande per giocare con le bambole, e mia madre gli rispondeva:

«Lasciala che giochi adesso, avrà tempo di piangere quando sarà adulta».

E sì, Lola, ancora una volta avevi ragione. Ogni cosa ha il suo tempo, e ora è tempo di far cicatrizzare questa ferita con pazienza e amore.

Care lettrici e cari lettori, come avrete potuto constatare non valgo come scrittrice neanche il mignolo del piede di Isabel Allende, ma per scrivere questo libro ci ho messo un amore e un dolore simile a quello che lei ha riversato in *Paula*. Se sono riuscita a strapparvi qualche risata; se vi ho stimolati a riflettere sull'importanza del vivere, di quanto sia effimero il nostro passaggio su questa Terra; se sono riuscita a farvi accettare che dobbiamo prepararci per le morti che ci aspettano; se qualche consiglio vi è stato d'aiuto, anche solo un pochino appena, nel caso in cui stiate attraversando una situazione simile a quella che ho vissuto io, allora posso considerarmi più che soddisfatta. Mi resta solo da dire: grazie di cuore per avermi regalato il vostro amore. Finché la morte non ci unisca.

RINGRAZIAMENTI

Questo libro nasce dalla necessità di cercare di dare risposte alle domande su qualcosa a cui è difficile darne: la morte. Perché ci facciamo così tante domande di fronte alla scomparsa di una persona cara? Perché? E perché proprio lei? Perché ora? Che ingiustizia, sono sempre i migliori che se ne vanno! Con tutti i balordi che ci sono in giro! E dove vanno a finire? C'è vita oltre la morte? Ci rivedremo? Perché tutti questi perché?

Ci sono migliaia di cose che accettiamo perché le consideriamo naturali ma per le quali non abbiamo spiegazioni, così come sappiamo che il sole esiste, che la Terra gira e che l'essere umano respira.

Anch'io avevo tante domande e l'universo me li ha piazzati davanti affinché potessi attingere dalla loro saggezza: Enric Benito, Rafael Santandreu e Verónica Cantero, grazie per la vostra generosità.

Nel corso di questa ricerca e accettazione ho anche trovato grande sostegno, e per questo vorrei ringraziare: mia figlia Anna Ferrer, per essere un angelo forte e dolce; Encarna Benítez, per tenere a entrambe la mano; il mio più-che-fratello Arturo del Piñal, per essere il braccio al quale io mi aggrappo sempre; Xoan Viqueira, per essere comparso quando ne avevo più bisogno; Susana Lavilla, per avermi aiutata a risvegliare la coscienza; la nostra famiglia, per tutto l'amore; infine, in particolare, mio nipote Paco Gómez, che essendo medico ha dato il suo contributo scientifico, ma anche la sua capacità di far ridere, una persona a cui sarò sempre legata da un filo rosso, e cui va la mia immensa gratitudine.

L'unica ragione per la quale ho scritto questo libro però è lui, Antonio: raccontare la nostra storia d'amore e poter dimostrare che è meraviglioso accompagnare verso la trascendenza, perché è qualcosa che ti lascia molta pace nell'animo e che cambia il tuo sguardo di fronte alla vita e alla morte. Perché ho scoperto la mia ragione per proseguire il mio cammino qui: aiutare chi ne ha bisogno.

INDICE

Questo volume è stato stampato nel marzo 2022
presso Grafica Veneta S.p.A. – Trebaseleghe (PD)